カラー版

クラシック 日本の世界

The visual encyclopedia of Classical music

新星出版社

クラシック音楽の世界　目次

大作曲家ギャラリー

編集：株式会社アルク出版企画(荒井由子)　　　　楽譜浄書：株式会社クラフトーン

協力：高橋尚大、津々見由里　　　　　　　　　　写真協力：イタリア政府観光局、大阪音楽大学音楽博

本文デザイン・レイアウト：笠原奈美江(有限会社エルグ)　　　　　　物館、ヤマハ株式会社、読売日本交響楽団、

本文イラスト：相原健二(大作曲家ギャラリー)　　　　　　　　　　　株式会社PPS通信社

福地貴子、太中トシヤ　　　　　　　　　　音源提供：ナクソス・ジャパン株式会社

はじめに

ずいぶん「欲ばり」な本になりました。タイトルは一応『クラシック音楽の世界』ですが、『クラシック入門』でもいいでしょう。西洋音楽史の流れを追いながら、そのエッセンスともいうべき曲が並べられているのですから、クラシック入門には最適です。また『名曲鑑賞の手引き』としても画期的です。ここでは「図解」が大活躍です。音楽を視覚的にとらえることにより、音楽の「聴き方」「楽しみ方」が大きく広がるはずです。今まで、音楽鑑賞というと、音楽が何を描写しているのかとか、作曲者はどんな気持ちで作曲したのか、といった説明が多かったかもしれません。そうした聴き方を否定するものではありませんが、本書では音楽そのものの面白さ、美しさが、図解入りで示されています。音楽というある意味抽象的な芸術が、具体的にとらえられているのです。これは知らないうちに分析（アナリーゼ）に足を踏み入れているということでもあり、じつは『作品分析』の本でもあるのです。

それにここでは音楽をほかの文化領域と切り離すことはしませんでした。何といっても音楽は時代の文化遺産の一部なのです。こうして必要に応じて、美術が引用されたり、キリスト教の世界観や文化史に言及されています。しかも美しい挿絵をふんだんに織り込みました。ですから『西洋文化と音楽』というタイトルでもいいのかもしれません。さらにそうした情報がCDで耳から確認できるのです。「耳で聴く音楽史」なのです。本当に「欲ばり」な本になりました。

こうしたさまざまな情報を集約するために、何度となく推敲が重ねられました。アルク出版企画の荒井由子さんには大変お世話になりました。彼女とのチームワークが本書に結実したのだと思っています。そしてこのチームワークを支えていたものは、音楽への熱い思いだったのでしょう。音楽は本当に素晴らしい。その素晴らしさを広く、わかりやすく伝えたいという思いが、すべての原動力の源だったことが、今よくわかります。願わくば、ここから音楽への愛の樹が大きく成長しますように。

田村 和紀夫

大作曲家ギャラリー

Josquin des Prés

ジョスカン・デ・プレ

（1440年頃 エノー～1521年8月27日 コンデ・シュル・レスコー）

盛期ルネサンスを代表するフランドル（現在のフランス北部からオランダ南部にかけての地方）の作曲家・声楽家です。彼の作品は同時代人からも模範と仰がれていました。かの宗教改革のルターも「ほかの作曲家は音に支配されているが、彼は意のままに音を操っ

ている」と評しているくらいです。カノンの技法を自在に駆使した彼のスタイルを表す言葉といえます。ルネサンス様式を完成に導いたジョスカンの音楽は、同時代人レオナルド・ダ・ヴィンチの絵画と比較されることもあります。

ジョヴァンニ・ガブリエーリ

（1554/1557年？ ヴェネツィア～1612年8月12日 ヴェネツィア）

サン・マルコ大聖堂に栄えた「ヴェネツィア楽派」を代表する作曲家・オルガン奏者です。彼は当時の有力な作曲家アンドレーア・ガブリエーリの甥にあたり、後期ルネサンスの大作曲家オルランド・ディ・ラッソに師事しました。ジョヴァンニ・ガブリエーリの作風は、ルネサンス的なポリフォニーではなく、より単純に和音としての縦の響きを重んじるものでした。このスタイルは時代の流れと一致していました。複数の合唱による音響効果や強弱法を駆使し、通奏低音を用いたガブリエーリは、時代の先駆者だったのです。

Claudio Monteverdi

クラウディオ・モンテヴェルディ

（1567年5月15日 洗礼クレモナ〜1643年11月29日 ヴェネツィア）

　ルネサンスからバロックへの過渡期に、イタリアで活躍した作曲家です。初期の《オルフェオ》（1607）でオペラの可能性を開き、宗教・世俗の両面で多くの革新的な作品を残しました。モンテヴェルディが音楽史上とくに重要なのは、理論を重視した従来の作曲法に対して、歌詞を重視した自由な書法を唱えたことです。音楽は言葉が伝える感情を表現すべきだというのです。彼はこうした作曲法を「第2作法」と呼び、伝統的な「第1作法」に対して、バロックの美学とスタイルを確立したのでした。

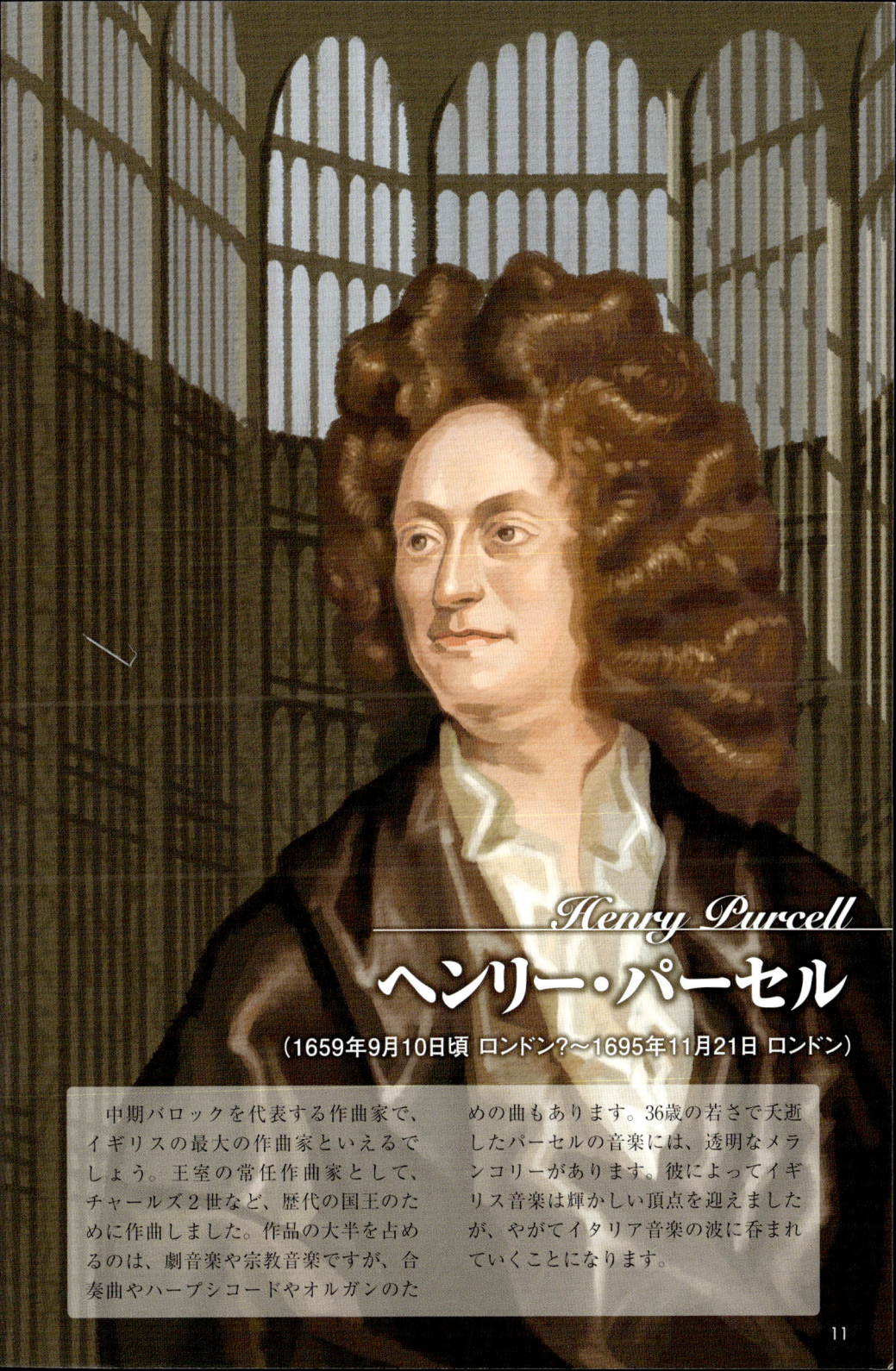

Henry Purcell

ヘンリー・パーセル

（1659年9月10日頃 ロンドン？〜1695年11月21日 ロンドン）

　中期バロックを代表する作曲家で、イギリスの最大の作曲家といえるでしょう。王室の常任作曲家として、チャールズ2世など、歴代の国王のために作曲しました。作品の大半を占めるのは、劇音楽や宗教音楽ですが、合奏曲やハープシコードやオルガンのための曲もあります。36歳の若さで夭逝したパーセルの音楽には、透明なメランコリーがあります。彼によってイギリス音楽は輝かしい頂点を迎えましたが、やがてイタリア音楽の波に呑まれていくことになります。

ヨハン・

Johann Sebastian Bach
ゼバスティアン・バッハ

（1685年3月21日 アイゼナハ～1750年7月28日 ライプツィヒ）

バッハは音楽家の家系に生まれ、生涯ドイツを離れることなく、伝統的なポリフォニー技法を継承しながら、バロックのあらゆる様式をひとつに溶かし込みました。彼が遺した膨大な作品は、驚くべき完成度の高さに達しています。「バッハは小川、ではなく海だ」というベートーヴェンの言葉は、すべてが流れ込む終着点である「総合」としてのバッハの姿をよく表しています。

「海」はまた生命の始原でもあります。後の多くの作曲家たちは、バッハの音楽から無限の滋養を汲み上げ、みずからの音楽の糧としたのでした。その偉業を讃えられたとき、バッハは「私ほど努力すれば、誰でもできる」といったそうです。彼にとって作曲とは、神に与えられた使命を果たす職務だったのです。

バッハが遺した音楽的署名

バッハの家系は16世紀にまで遡るといわれます。最初の音楽家はバッハの4代前に遡り、彼の息子の時代まで続きます。バッハはこの音楽家の一大の鉱脈のなかでも群を抜いた才能に恵まれていました。彼の生涯を締めくくる最後の作品のひとつに《フーガの技法》があります。その最終フーガ（未完成）の最後のテーマに、バッハはBACHの音からなる主題を導入しました。これはみずからの家系を誇りとし、記念し、感謝するためだったのかもしれません。

アントニオ・ヴィヴァルディ

（1678年3月4日 ヴェネツィア～1741年7月28日 ウィーン）

ヴィヴァルディは「赤毛の司祭」と呼ばれ、聖職者であり、音楽家でもありました。ただしミサの最中でも沸き上がる楽想に気をとられたというエピソードが示すように（そのために「ミサをあげない司祭」とも呼ばれました）、心はあくまでも音楽の世界のうちにあったのかもしれません。ヴィヴァルディは名ヴァイオリン奏者であり、膨大な作品を生んだ作曲家でした。宗教作品やオペラもありますが、何といっても500曲を超えるという協奏曲が彼を有名にしています。そこではホモフォニックな書法に、漲るリズムが息づいています。

Georg Friedrich Händel

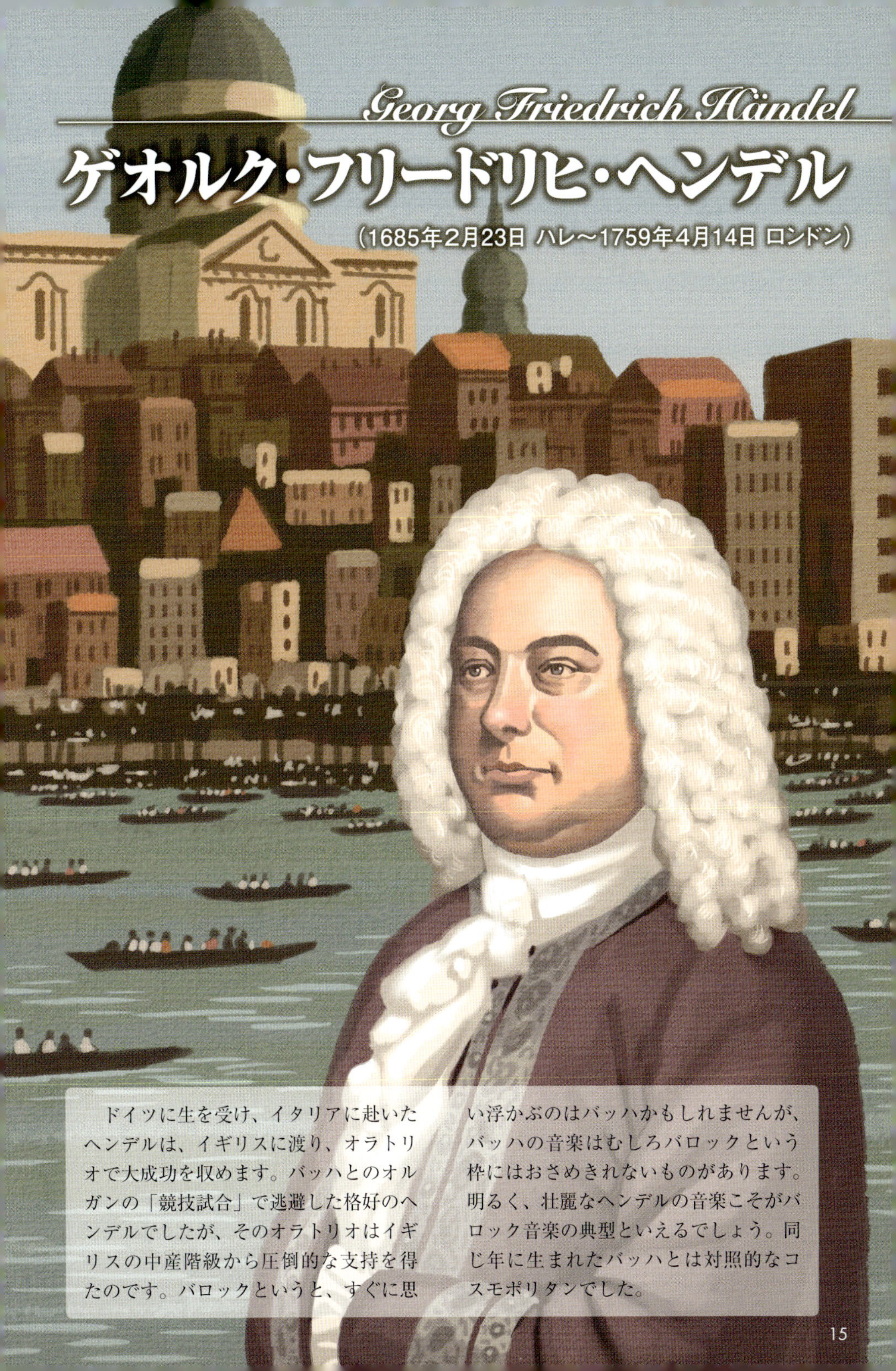

ゲオルク・フリードリヒ・ヘンデル

（1685年2月23日 ハレ～1759年4月14日 ロンドン）

ドイツに生を受け、イタリアに赴いたヘンデルは、イギリスに渡り、オラトリオで大成功を収めます。バッハとのオルガンの「競技試合」で逃避した格好のヘンデルでしたが、そのオラトリオはイギリスの中産階級から圧倒的な支持を得たのです。バロックというと、すぐに思い浮かぶのはバッハかもしれませんが、バッハの音楽はむしろバロックという枠にはおさめきれないものがあります。明るく、壮麗なヘンデルの音楽こそがバロック音楽の典型といえるでしょう。同じ年に生まれたバッハとは対照的なコスモポリタンでした。

Joseph Haydn
ヨーゼフ・ハイドン

（1732年3月31日 ローラウ〜1809年5月31日 ウィーン）

オーストリアの作曲家で、ウィーン古典派の立役者です。「交響曲の父」、「弦楽四重奏曲の父」とも呼ばれ、これらのジャンルの形成に大きく貢献しました。エステルハージ侯爵家の楽長として、オーケストラを自由に使うことができたハイドンは、数々の体験を古典派様式の確立のために役立てることができました。晩年はイギリスに活躍の場を見出し、ロンドンのための交響曲シリーズの第2曲では、第2楽章で聴衆をびっくりさせる細工をしかけました。これが有名な交響曲第94番ト長調《驚愕》です。彼の意図は図に当たりました。ハイドンのユーモアのセンスを示すエピソードとされていますが、注目を集め、「売れる」ための方策であったとも考えられます。音楽がビジネスとなる時代が到来していたのです。しかしハイドンは音楽を神聖な芸術ともみなしており、作曲するときは正装したといいます。「神が降りてくるのだから、身だしなみをきちんとしないと」と彼はいったそうです。

少年ハイドンの危機一髪

少年時代のハイドンは、ウィーンのシュテファン大聖堂の聖歌隊で、その素晴らしい声を発揮していました。しかし変声期を迎える頃になると、教会はハイドンにある「手術」を提案しました。男性としての生殖機能を断つことによって、高音が保たれる「去勢された男性歌手」になるためでした。さいわい父親によって、手術は回避されました。しかしハイドンは合唱隊を解雇され、路頭に迷うことになったのでした。

ヴォルフガング・ア

Wolfgang Amadeus Mozart

マデウス・モーツァルト

（1756年1月27日　ザルツブルク～1791年12月5日　ウィーン）

「ぼくのこと好き？」

　モーツァルトは5歳で作曲を始め、微細な音程を聞きわけ、見よう見まねでヴァイオリンを弾きこなしました。14歳のときには、ローマのシスティーナ礼拝堂で、門外不出のアレグリ作《ミゼーレ》（9声）を、一度聴いただけで、完璧に譜面に書き起こしたともいいます。またヴォルフガング坊やは、「ぼくのこと好き？」とよく聞いたといいます。冗談で「好きじゃない」といったりすると、彼の目からみるみる涙があふれたとか。モーツァルトの真の奇蹟は、生涯変わらなかったこの「人間好き」だったのかもしれません。

　モーツァルトは幼少から父レオポルトより組織的な音楽教育を受け、ヨーロッパ各地で演奏旅行や作曲活動をおこない、神童ぶりを披露しました。彼の驚くべき神業を伝えるエピソードには事欠きません。21歳でモーツァルトは「どんな曲でも書ける」と豪語するほどに、作曲の奥義を極めたかのようでした。しかし5年後にバッハの音楽と出会い、圧倒的な感銘を受けます。このバッハ体験は作曲家としての「危機」をもたらし、試行錯誤の時期が来るのでした。音楽に対するモーツァルトの真摯で、無私の姿勢がそこにあります。いつの時期の作品でも、モーツァルトの音楽にはミューズの輝きがあります。しかし「危機」を乗り越えてからは「深み」が加わりました。すべてのジャンルが重要ですが、とくに彼の人間観察眼が冴えるオペラと、みずからが演奏したピアノ協奏曲は無二の輝きを放っています。交響曲ではハイドンが整えた形式に内容を加え、近代的な交響曲の概念を打ち立てました。

ルートヴィヒ・

ベートーヴェンはウィーン古典派を頂点に導き、ハイドンとモーツァルトの規範を極限まで推し進めました。バッハが作曲を「職務」とみなしていたり、モーツァルトが自分を「音楽家」と呼んでいたのとは異なり、ベートーヴェンはみずからを「芸術家」と称し、芸術を職人の業や芸とは一線を画する高みへと押し上げました。ここに近代的な「芸術」が生まれたのです。彼は「私の音楽は悲しみを癒すことができる」といっています。音楽は今や心地よい響きであるだけでなく、「苦悩から歓喜へ」という人生を肯定するメッセージとなるのです。聴覚に障害をきたすという苛酷な体験が、ベートーヴェンをこのような芸術の神格化へと動かしたのでした。そうしたベートーヴェンの「芸術」は9曲の交響曲と16曲の弦楽四重奏曲に集約されており、生涯にわたって書かれた32曲のピアノ・ソナタは、そのバックボーンとなります。とくに人声をとり入れた交響曲第9番は後の「音楽のあり方」にはかりしれない影響を与えました。

Ludwig van Beethoven

ヴァン・ベートーヴェン

（1770年12月16日頃 ボン〜1827年3月26日 ウィーン）

ベートーヴェンの偉大さとは？

　ベートーヴェンの偉大さは「耳が聞こえないのに」すごい曲を書いたからだ、といわれます。しかし1807年のピアノ協奏曲第4番の初演の時点では、自分でピアノを弾いています。完全に耳が聞こえなくなったのは晩年だったのです。とはいえ、まったく耳が聞こえなくとも、作曲は不可能ではありません。スメタナやフォーレも耳に障害がありましたが、名曲を残しています。訓練を受けた作曲家は、書いた音が「聞こえる」のです。あるいは頭に鳴り響く音楽を、正確に楽譜に書きつけることができるのです。ベートーヴェンの偉大さは、耳がどうのではなく、やはり曲そのものにあるのです。

自作の曲にびっくり！

　放浪者のような生活をし、絶え間なく音楽を生み続け、31歳の若さで亡くなったシューベルト。死の1年前、友達の誕生日のパーティのために合唱曲を依頼され、シューベルトは快く引き受けました。《セレナード》D. 921です。後日、ビール店から連れ出され、その演奏を初めて聴いたシューベルトはいったそうです。「あの曲がこんなに美しかったとは！」。自分が書いた曲を実際の音として聴くことが少なかったシューベルトならではの言葉です。でもひょっとしたら、彼は自分が書いたことさえ忘れていたのかもしれません。

Franz Schubert

フランツ・シューベルト

（1797年1月31日 ウィーン〜1828年11月19日 ウィーン）

　古典派の形式にもとづき、ロマン派的な様式で作曲したシューベルトは、「ロマン的な古典主義者」と呼ばれることがあります。数々の交響曲や室内楽、それにピアノ曲を遺しましたが、彼の名を一躍有名にしているのはドイツ歌曲です。31歳の短い生涯のなかで、シューベルトは友だちの家を転々としながら、約650曲もの作品を残し、ピアノ伴奏による歌曲の規範を確立しました。シューベルトは音楽史上でもまれに見る旋律家であり、彼の音楽は豊かなメロディにあふれています。さらに特徴的なのは、多彩な転調を駆使した独自の書法であり、明暗のはっきりした古典派様式に代わる、色彩豊かなロマン派様式を開拓したのでした。1825年、「これからは交響曲作曲家になる」といったシューベルトは、1曲の大交響曲を書き上げました。曲は作曲者の死後10年を経てシューマンが発見しましたが、この交響曲第8番ハ長調《グレート》は、ロマン派交響曲への道を開くことになります。シューベルトはあらゆる意味で偉大な先導者だったのです。

エクトル・ベルリオーズ

（1803年12月11日 ラ・コート・サンタンドレ～1869年3月8日 パリ）

　ベルリオーズは標題音楽の基礎を築き、楽器編成の拡大や色彩的な管弦楽法によって、ロマン派音楽に重要な一石を投じました。交響曲は4曲書いています。《幻想交響曲》、《イタリアのハロルド》、《ロミオとジュリエット》、《葬送と勝利の大交響曲》です。交響曲を構想するにあたって、ベルリオーズには音楽の枠に収まらないイメージがあったようです。歴史的に重要なのは《幻想交響曲》ですが、「もしも1曲だけ消失を免れる作品をあげるとしたら」という問いに、ベルリオーズ自身は作品5の《レクイエム》をあげています。

Felix Mendelssohn

フェリックス・メンデルスゾーン

（1809年2月3日 ハンブルク〜1847年11月4日 ライプツィヒ）

　音楽史上でもまれに見る早熟の天才のひとりで、38歳の若さで逝去しました。裕福で教養ある家庭に生まれ、早くから神童としてピアノ演奏活動を行ない、10代から本格的な作曲活動も始めています。メンデルスゾーンはウィーン古典派の継承者であると同時に、音楽を文学や絵画と結びつけるロマン主義者でもあり、初期ロマン派に位置づけられる重要な音楽家です。指揮者としても活躍し、忘れ去られていたバッハの《マタイ受難曲》の復活上演を行った功績も見逃せません。

Frédéric Chopin

フレデリック・ショパン

（1810年2月22日 ジェラゾヴァ・ヴォラ～1849年10月17日 パリ）

　ショパンの生涯にとってとりわけ重要なのが、小説家ジョルジュ・サンドとの関係です。彼女はシングル・マザーで、時代の先端を行く女性でした。内気で気位の高いショパンを、サンドは恋人として、母親として、ときには看護婦として支えます。こうしてショパンのもっとも創作力旺盛な日々が続きました。しかしやがてサンドとの関係が悪化し、彼の創作と生命も絶たれてしまうのでした。ショパンの音楽は無類の旋律美を誇り、故郷ポーランドの音楽語法や、半音階を多用するなど革新的な要素も併せもっていました。そんなショパンの音楽を、シューマンは「花のなかの大砲」と評しました。

ロベルト・シューマン

（1810年6月8日 ツヴィッカウ〜1856年7月29日 エンデニヒ）

　ロマン主義運動の旗手であり、評論家としても活躍しました。妻クララはピアニストとして名高く、彼女との結婚に至る苦難の道から多くの音楽が生まれました。シューマンのピアノ曲は恋愛や文学を創作の源とし、歌曲はドイツ・ロマン主義が理想とした音楽と詩の高度な融合を果たしました。結婚後は交響曲や室内楽、オペラ、オラトリオなど、幅広いジャンルに挑みます。心の深層を映し出すロマンティシズムあふれる音楽を生み出したのです。1854年、彼はライン川に投身自殺を図ります。一命はとりとめ、精神病院で療養するシューマンを何度となく見舞ったのが、ブラームスでした。

フランツ・リスト

（1811年10月22日 ライディング〜1886年7月31日 バイロイト）

　リストはパガニーニの魔術的なヴァイオリン演奏に決定的な感銘を受け、それをピアノに移し換えようとしました。しかし彼のピアノ作品は、みずからのパフォーマンスを発揮させる曲だけではありません。ベートーヴェンの交響曲の編曲から実験的な作品に至るまで、幅広いジャンルに及んでいます。

「ピアノの時代」であるロマン派の音楽を支える作品群です。また管弦楽曲では交響詩の形式を開発し、標題音楽の未来を唱えました。リストの作曲技法の本質は主題の変容にあります。同じ主題を変形しながら繰り返す高度な技法により、革新性と大衆性をもっとも深いところで保証しているのです。

Richard Wagner

リヒャルト・ワーグナー

(1813年5月22日 ライプツィヒ〜1883年2月13日 ヴェネツィア)

　ワーグナーの生涯は波乱に満ちています。そもそも総合芸術であるオペラの上演には、さまざまな困難がつきものでした。さらに彼は革命に参加し、国外追放されたりもします。しかし弱冠18歳のルートヴィヒ2世が国王の座に就いて、状況が一変します。国王はワーグナーのオペラで育ち、その上演を支援するために、惜しみなく国費を使ったのです。ワーグナーは劇と音楽の高度な一体化を図り、それを「楽劇」と呼びました。彼はみずからをベートーヴェンに並ぶ天才とみなし、創作に身を投じました。そしてついに調性音楽の限界に立ち、続く音楽への課題を投げかけたのでした。

ブラームスとクララ

ブラームスがシューマンの家を訪れたのは二十歳のときでした。彼はシューマンの妻クララに女性の理想を見たようでした。恩師シューマンが自殺を図るという事件が起きたのは、そのすぐ後です。シューマンの死後、ブラームスはクララとは「友愛」の関係を保ちました。微妙な距離をとりながら、彼は一生独身ですごしたのです。クララが亡くなった翌年の1897年、ブラームスは後を追うように、この世を去ったのでした。

Johannes Brahms

ヨハネス・ブラームス

(1833年5月7日 ハンブルク〜1897年4月3日 ウィーン)

標題音楽へ流れる19世紀にあって、音楽以外のものに依存しない交響曲の伝統を死守したのがブラームスでした。「モーツァルトやベートーヴェンは神だ。人間である我々にできるのは、ただ誠実に書くことだけだ」と彼はいっています。シューマンによって楽壇に紹介されたブラームスは、ピアノ協奏曲第１番作品15で酷評を受け、ほろ苦いデビューとなりましたが、《ドイツ・レクイエム》作品45で成功を収め、以後、大家への道を歩みます。彼の努力は４曲の交響曲に結晶し、協奏曲や室内楽曲など、古典的な形式を踏襲したゆたかな作品群を残しました。そんなブラームスが生涯にわたって書き続けたのは歌曲であり、そこに彼の音楽の源泉を見ることができます。

César Franck

セザール・フランク

（1822年12月10日 リエージュ〜1890年11月8日 パリ）

　パリの教会の静かなオルガニスト、フランクにも、教会を飛び出して、自分の作品を世に問う瞬間がありました。晩年のピアノ曲などは、「教会の楽器」であるオルガン音楽を、「時代の楽器」であるピアノに移し換えたような音楽で、より広い聴衆へのアピールがあり

ます。唯一の交響曲への挑戦も、そうした試みのひとつといえます。初演の評価は酷評に近いものでしたが、フランクはこともなげに「自分が思い描いたとおりの音楽だった」といったそうです。やはり世評は彼にとって二の次だったのかもしれません。

Pyotr Tchaikovsky

ピョートル・チャイコフスキー

（1840年5月7日 ヴォトキンスク～1893年11月6日 ペテルブルグ）

　チャイコフスキーは音楽への本格的なとり組みは遅い方でしたが、膨大な遺産を受け継いだフォン・メック夫人が彼を支援するという幸運がほほえみかけました。夫人との不可思議な関係のうちに、交響曲やバレエ音楽、協奏曲、室内楽曲、オペラなどの傑作が生まれていきます。チャイコフスキー最後の作品は交響曲第6番《悲愴》で、彼の自信作でした。その最後の頁では不吉なドラの音が鳴り響き、葬送行進曲のように曲は終わります。そして曲の初演の9日後、チャイコフスキーはこの世を去ったのでした。

アントニーン・ドヴォルザーク

（1841年9月8日 ネラホゼヴェス～1904年5月1日 プラハ）

　スメタナとともにチェコ国民楽派、またはボヘミア楽派を代表する作曲家です。ドヴォルザークの傑作チェロ協奏曲ロ短調のスコアを見たとき、ブラームスは「こんな風に書けるのを知っていたら、私もチェロ協奏曲を作曲したのに」といったそうです。ドヴォルザークの音楽には自然発生的な旋律が咲き誇り、そこにエスニックな香りが漂っています。後年、アメリカに渡って一世一代の名作、《新世界交響曲》や《アメリカ四重奏曲》を書いたのは、異郷にあって、いっそう強く故郷が想い起こされたからでしょうか。

Gustav Mahler

グスタフ・マーラー

（1860年7月7日 カリシュテ〜1911年5月18日 ウィーン）

完成された作品は交響曲と歌曲のみという、極端な創作の集中性が見られる作曲家です。指揮者としても活躍しました。みずからを故郷喪失者として意識し、そこに交響曲創作の原動力を見出しました。作品の規模の大きさや、管弦楽編成の特異さ、音色の多様さを特徴とし、交響曲にはふさわしくないようなグロテスクなもの、卑俗なものも排除しません。自分の世界観を表明するために、マーラーは手段を選ばなかったのです。「交響曲では世界が謳う」と彼はいっています。彼が追求したテーマは現代にも通じる問題であるはずです。

Erik Satie

エリック・サティ

（1866年5月17日 オンフルール〜1925年7月1日 パリ）

　　サティは定職に就くこともなく、結婚することもなく、音楽とだけ真摯に向き合って生きたかのようです。ドイツ・ロマン派のような「芸術」への熱狂や、「人生」を過剰に音楽へ反映させることに、彼は嫌悪を抱いていました。多くの作品に見られるおちゃらけたタイトルや指示は、反ロマン派的姿勢の表明といえるでしょう。その背後にあるのは、ほとんど潔癖なまでの我執への拒否といえます。サティにとって音楽とは自己表出のために誇大に塗りたくったり「解釈」によってねじ曲げたりすべきでない、神聖なものだったのです。

Claude Debussy

クロード・ドビュッシー

（1862年8月22日 サン＝ジェルマン＝アン＝レー～1918年3月25日 パリ）

　対象より光を描いた絵画の印象派は、戸外では光が刻々と変化するのに気づきました。それと同じように、ドビュッシーの作品では、主題よりも、変化してやまないハーモニーが描かれるようです。旋律の骨格が曖昧で、移ろう色彩の音楽は、確かに印象派的です。しかしそれは彼の方法論のひとつでしかありませんでした。調性音楽を超えるために、彼は全音音階や五音音階、教会旋法などのさまざまな語法を駆使しました。前衛的な音のカオスに陥る一歩手前で踏みとどまったのは、彼のなかに音楽へのリスペクトがあったからでしょう。

Arnold Schönberg

アルノルト・シェーンベルク

（1874年9月13日 ウィーン～1951年7月13日 ロサンゼルス）

A-a-Ⅲ

　　シェーンベルクを突き動かしていた
のは、明らかに歴史的使命感でした。《ト
リスタンとイゾルデ》以後、調性音楽は
どうあるべきか。転調がどんどん増えて
いけば、調性音楽そのものの基盤が危う
くなる。もはや「何調」とはいえなくな
る。そこで彼はいったん調性のシステム
をとり払い、それに代わる新しいシステ

ムとして「12音技法」を提唱しました。
オクターヴの12の音からなる「音列」を、
さまざまに組み合わせる作曲法です。そ
のとき、シェーンベルクは「200年続い
たドイツ音楽の栄光がさらに存続する」
ことを確信したそうです。その予言は必
ずしも正しくなかったことを、歴史が証
明しています。

第1章

クラシック音楽の
基礎知識

「クラシック音楽」って何?

◆音楽全体のなかのクラシック

　「クラシックが好き」「クラシックでも聴いてみよう」というときの「クラシック」とは、どういう音楽を指すのでしょうか。少し大きなCDショップに行って、「クラシック」のコーナーをのぞけば、すぐわかります。あるいはウェブ上のミュージック・ストアーを開き、「クラシック」のリンクをクリックすればいいでしょう。

　すると、グレゴリオ聖歌あたりから、いわゆる現代音楽に至る、膨大な音楽が目に飛び込んでくるはずです。そこでは宗教音楽やオペラ、交響曲に室内楽、ピアノ曲など、さまざまな分類がなされています。もちろん作曲家別のコーナーもあります。「聴きたかったバッハ」も、「大

CDショップをのぞいてみると…

好きなモーツァルト」も、「わたしのショパン」も、クラシックのほんの一部なのです。少し見えてきました。クラシックとはヨーロッパを中心にした「西洋音楽」のことなのだと。

◆西洋音楽史のなかのクラシック

　しかし、西洋音楽史の教科書をひもといてみると、「クラシック」=「古典派」というと、1780年から1810年頃までの約30年間を指すことになっています。これはどういうことなのでしょう。「大好きなモーツァルト」しか入らないのです。

　ここで「クラシック classic」という言葉にこだわる必要がでてきます。ク

ラシックは古代ローマで最高の階級を意味する clasis に由来し、ここから「最高級の」「第一級の」といった意味で用いられるようになりました。さらにクラシックは永続的な価値が認められた「古典的な」、あるいは時代を超えた「模範的な」といった意味も帯びることになりました。

◆適用範囲が問題

　したがって、クラシックという言葉には、ある価値観が前提となっているので

す。伝統的な基準によると、西洋音楽史のなかでのクラシックはハイドン、モー

ツァルト、ベートーヴェンに代表される古典派の時代を指すことになりました。また音楽全体のなかでのクラシックは、西洋音楽ということになるのです。だから、ポピュラー音楽を対象とすれば、「ビートルズはポピュラー音楽のクラシックだ」といういい方もできます。つまり対象となるものが異なるのは、クラシックという言葉を適用する範囲が異なるからなのです。

◆自己展開する西洋音楽

音楽全体のなかでのクラシック＝西洋音楽に対比されるのは、世界の諸民族の音楽、ポピュラー音楽などです。ここでクラシックという言葉自体が西洋中心的だと思われるかもしれません。確かにそうかもしれませんが、そもそも西洋音楽の雑多なジャンルや、作曲家をひとくくりにして「クラシック」と呼ぶことができるというのも、不思議なのです。じつは西洋音楽史にはある特殊な状況があります。たとえば日本音楽では「声明」の影響を受けて「謡曲」が生まれ、そこから「浄瑠璃」が発生するとされています。こうして、これらの音楽は独立したジャンルとして、それぞれが「保存」されていきます。ところが西洋音楽の代表的なジャンルである「オペラ」を例にとると、17世紀に誕生し、バロック・オペラを経て、モーツァルトの傑作を経由し、ロマン派オペラから現代に至っています。オペラというジャンル自体がダイナミックに発展しているのです。このことは西洋音楽全体についてもいえます。その推移は過去の成果をとり込みながら、みずからの時代の表現とするという自己展開的な発展です。

日本の音楽では…

声明 → → → それぞれがジャンルとして保存される
謡曲 →
浄瑠璃 →

西洋音楽では…

オペラ 〜〜〜 過去の成果をとり込みながら発展する

こうした累積的な発展のなかから西洋音楽＝クラシックは普遍的な性格を帯び、世界中の音楽に影響を与えてきました。たとえば現代ポピュラー音楽も、クラシックなしにはありえないのです。だから「典型的」な音楽とは何かを考えるとき、クラシック音楽は格好の対象となるはずです。

クラシックを聴こうというとき、そこには何か「高級なもの」への志向があったかもしれません。またそこで「音楽の基本」が確認できるだろうという期待もあったかもしれません。とくに情報化が驚くべき発展を遂げた現代にこそ、そうした確認は必要なのでしょう。そして西洋音楽を「クラシック」と呼ぶとしたら、クラシックを理解するにはその歴史、「音楽史」が欠かせないことになるのです。

クラシックには、どんなジャンルがあるの?

クラシック音楽にはさまざまなジャンルがあります。ジャンルとはある共通した性格をもつ作品のまとまりですが、ただの分類の対象ではなく、歴史的な必然のうちで育まれます。たとえば交響曲は、市民のための公開演奏会に欠かせない楽曲として現れ、発展を遂げました。交響曲の成立が市民社会の形成期にあたる理由がここにあります。ジャンルはその時代の社会と文化の結晶なのです。ここでは「宗教声楽曲」「世俗声楽曲」「オペラ」「独奏曲」「管弦楽曲」「室内楽曲」の6つのカテゴリのなかで、ジャンルの歴史的流れを概観してみましょう。

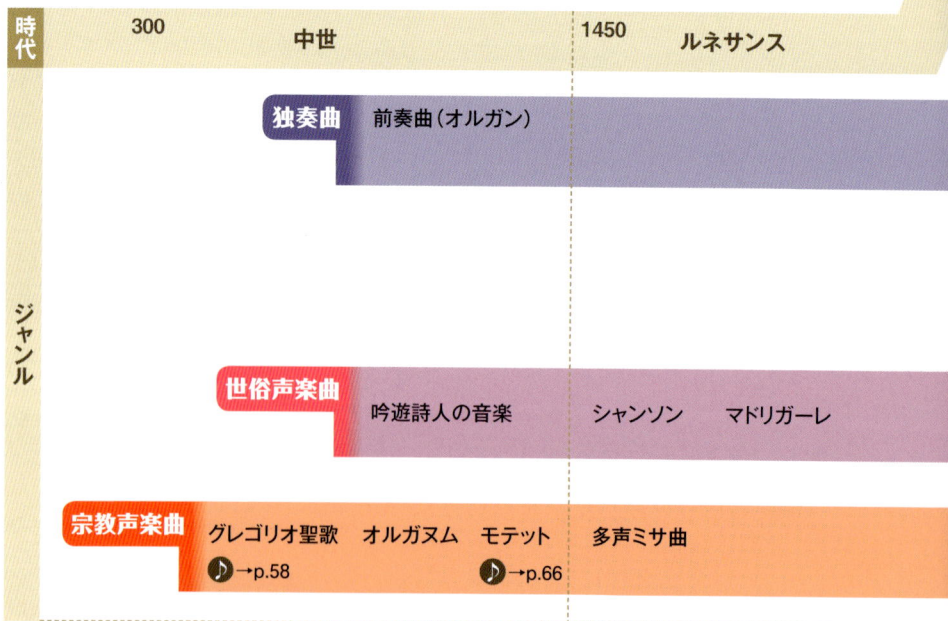

時代	300	中世		1450	ルネサンス
独奏曲		前奏曲(オルガン)			
世俗声楽曲		吟遊詩人の音楽		シャンソン	マドリガーレ
宗教声楽曲	グレゴリオ聖歌 ♪→p.58	オルガヌム	モテット ♪→p.66	多声ミサ曲	

宗教声楽曲

西洋音楽史の源は、グレゴリオ聖歌というキリスト教の礼拝用音楽でした。グレゴリオ聖歌は現代まで受け継がれますが、その落とし児ともいうべきオルガヌムが多声化へと展開し、後の巨大な発展を引き起こします。ルネサンスではミサ曲が時代の代表的なジャンルとなり、バロックではオペラに対するオラトリオが生まれます。

世俗声楽曲

宗教曲の歌詞が基本的にラテン語なのに対し、世俗曲は俗語で歌われます。中世は吟遊詩人たちの単旋律の歌から、近代はフランス歌曲(メロディー)と、世俗的な声楽曲は、様式の発展をもっとも端的に示しています。人はいつも喜びや悲しみを歌ってきましたが、その表現方法は時代を色濃く反映していたのです。

オペラ

オペラは音楽・演劇・舞踊・美術の総合芸術であり、あらゆる種類の音楽をとり込んだジャンルです。バロックを代表するジャンルでもあり、モーツァルトの傑作オペラ、ワーグナーの楽劇、イタリアの現実主義(ヴェリズモ)オペラなどのヴィヴィッドな展開の先には、ミュージカルを位置づけることもできます。

	1600 バロック	1750 前古典派	1780 古典派
室内楽曲	教会ソナタ / 室内ソナタ	ヴァイオリン・ソナタ	ピアノ三重奏曲 / 弦楽四重奏曲 ♪→p.116
管弦楽曲	カンツォーナ ♪→p.76 / 合奏協奏曲 / 独奏協奏曲 ♪→p.90 / 序曲 ♪→p.102	ディヴェルティメント	古典派協奏曲 ♪→p.128 / 交響曲 ♪→p.134
	トッカータ（オルガン） / 組曲（チェンバロ） / 前奏曲とフーガ（オルガン）♪→p.96	ソナタ（ピアノ）	
オペラ	オペラ ♪→p.82 / イタリア・オペラ		オペラ・ブッファ
	モノディ歌曲 / カンタータ		
	オラトリオ ♪→p.108		

この後、新たなジャンルは生まれていません

独奏曲

独奏曲の源泉は、礼拝に欠かせないオルガン演奏と、踊りのための音楽にあります。鍵盤楽器のための曲は、オルガン、チェンバロといった楽器の発展とも結びついており、ピアノは19世紀に完成しました。古典派のソナタ、ロマン派の性格的小品など、いずれも時代を代表するジャンルとなりました。

管弦楽曲

オーケストラのための音楽の流れは大きくふたつあります。ルネサンスの合唱曲を楽器で演奏したカンツォーナが協奏曲へ、そしてオペラの序曲が独立して交響曲へと発展するのです。娯楽性が強い協奏曲に対して、交響曲は器楽の最高ジャンルであり、今日でも作曲家が挑む究極の目標となっています。

室内楽曲

貴族の館などの、まさに室内で演奏された音楽です。さまざまな編成がありますが、各パートひとりで演奏されます。室内楽の代表格は何といっても弦楽四重奏曲でしょう。弦だけの編成による虚飾を廃した音響は、西洋音楽のもっとも奥深い世界を開く音楽とされています。

時代	1810　　ロマン派	1900

室内楽曲
ピアノ四重奏曲

ピアノ五重奏曲

管弦楽曲
ロマン派協奏曲
♪→p.170

交響詩
♪→p.176

独奏曲
性格的小品（ピアノ）
♪→p.158

近代組曲（ピアノ）

オペラ
民族オペラ　　楽劇　　ヴェリズモ　　ミュージカル
♪→p.182

世俗声楽曲
ドイツ歌曲
♪→p.144

フランス歌曲（メロディー）

宗教声楽曲

室内楽の編成

　バロックの教会ソナタと室内ソナタは、ふたつの旋律楽器と通奏低音のために書かれ、トリオ・ソナタ（「3声のソナタ」の意味）と呼ばれることがあります。通奏低音が廃止された次の時代では、ソナタは独奏曲か旋律楽器＋伴奏の二重奏曲のための名称となります（ヴァイオリン・ソナタなど）。古典派を代表する室内楽は、弦楽四重奏曲でしたが、ロマン派はピアノを加えた編成を好みました。

弦楽四重奏曲
ヴァイオリン2＋
ヴィオラ＋チェロ

ピアノ三重奏曲
ヴァイオリン＋チェロ＋ピアノ

＋ヴィオラ＝ピアノ四重奏曲
＋ヴァイオリン＝ピアノ五重奏曲

音楽の様式って何のこと？

　様式（英：スタイル style）の原意は「文体」ですが、音楽の様式は音楽を「表現するやり方、その特徴」とみなすことができます。ここでは音楽の基本的な様式を確認しておきましょう。

音楽の形	様式
中世 グレゴリオ聖歌 ↓ オルガヌム声部 グレゴリオ聖歌	**モノフォニー** モノフォニーのモノ mono は「単一の」、フォニー phony は「響き」を意味し、一本の旋律だけの音楽です。もっとも単純な様式ですが、グレゴリオ聖歌には必然的な意味があったと考えられます。 **ポリフォニー** 9世紀頃からグレゴリオ聖歌に別の声部を付加して歌われることがありました。複数の旋律が同時進行するこのスタイルをポリフォニー（ポリ poly「複数」＋フォニー phony「響き」）といいます。最初のポリフォニーは「オルガヌム」と呼ばれ、グレゴリオ聖歌の上に、4度・5度・8度（完全協和音程といわれる音程）を隔てて、新しい旋律が重ねられました。
ルネサンス ソプラノ アルト テノール（グレゴリオ聖歌） バス	ルネサンス期になると、旋律を重ね合わせる音程に3度が加えられ、さらにグレゴリオ聖歌の下にバスの声部がおかれることになりました。バスは音楽を安定的に終止させたりする重要な役割を担います。グレゴリオ聖歌は引き延ばして用いられたので、テノール（tenor「引き延ばす」）と呼ばれることになりました。これで標準的な4声体が完成しました。なおこのようなポリフォニーの作法を「対位法」といい、複旋律的であることを「対位法的」ということがあります。
バロック 自由な旋律 通奏低音	**通奏低音様式** バロックでは歌詞が表現している感情を描くために、ポリフォニーを解体してしまいました。4声では進行に束縛が多く、自由に動けないからです。そこで言葉に合った自由な旋律をまずとり出し、残りの声部ではもっとも重要なバスを残しました。しかし2声だけでは響きがあまりにも貧弱なため、バスの音の上に即興的に和音をつけました。これを「通奏低音」といいます。
前古典派 旋律 単純な伴奏	**ホモフォニー** 通奏低音は、新しく音楽を楽しむことになった市民には弾くのが難しすぎました。そこで簡単な伴奏形（アルベルティ・バス）が現れ、伝統的なポリフォニーは完全に否定されます。この旋律＋和音の単純な様式を、ホモフォニーということがあります。ホモ homo は「均一な」を意味し、賛美歌のように4声が同時に、均一に動く和声的なスタイルが典型的ですが、旋律と和音だけのスタイルも広義のホモフォニーといえます。

　次の時代は、前古典派のホモフォニーにポリフォニーの要素をとり込むことが課題となり、それが時代様式とも個人の様式ともなります。たとえば古典派の様式は「主題労作」となりました。ロマン派になると、もはや時代の統一は失われ、個人の方法論が展開されるのです。

クラシック音楽の魅力って、どんなところにあるの？

西洋音楽が到達した究極の「楽器」がオーケストラです。ここではブラームスの交響曲第1番を例に、クラシック音楽の魅力に迫ってみましょう。

音楽の三要素	「リズム」「メロディ」「ハーモニー」を音楽の三要素ということがあります。まずこれらの要素を確認しておきましょう。

リズム

リズムには、①「四分音符の長さ」というときの相対的な音の長さ、②「生活のリズムが狂った」というときの周期的な時間の秩序、③「ノリがいい」というときの躍動的なビート、といった意味があります。②はほとんど「拍子」と同じ意味となります。

メロディ

さまざまな高さと長さの音が秩序をなすとき、それをメロディ（旋律）といいます。この秩序はそれぞれの旋律固有の一回限りの調和・まとまりであり、そこにメロディの魅力があります。メロディにはすでにリズムが含まれており、またハーモニーとも深く結びついている場合があります。

ハーモニー

「和声（わせい）」と訳されます。音楽における垂直の響きの側面です。それならどうしてハーモニーを「和音」といわないのでしょう。これはハーモニーには旋律と旋律を重ねて生じたという歴史的な経緯があり、和音の各音は織り地の横糸のように「声部」をなすという発想が根底にあるからです。

❶弦楽器 ―オーケストラの土台―

音楽の三要素をブラームスの右ページのスコア［譜例1］から確認してみましょう。五線が何段並んでいても、恐れる必要はありません。楽譜を読む必要もありません。スコアは音楽を視覚化したものであり、音楽を目で確認しさえすればいいのです。やってみましょう。

まずここにはふたつの旋律があります（■■■）。当然、旋律はそれぞれ独自のリズムに息づいています。それに持続する低音（■）とともに、ハーモニーをつくり出しています。

簡略化した和声プランを［譜例2］に示しておきましょう。旋律が重なり合っているということは、これは「ポリフォニックなスタイル」だということです。

ここで弦楽器のセクションだけで「リズム」「メロディ」「ハーモニー」の三要素が完璧に実現されているのがわかります。管楽器は弦楽器の一部に重ね合わされているにすぎないのです。弦楽器群はオーケストラの土台なのです。

【譜例1】ブラームス 交響曲第1番 第1楽章 冒頭のスコア

(演奏はCD52に収録されています)

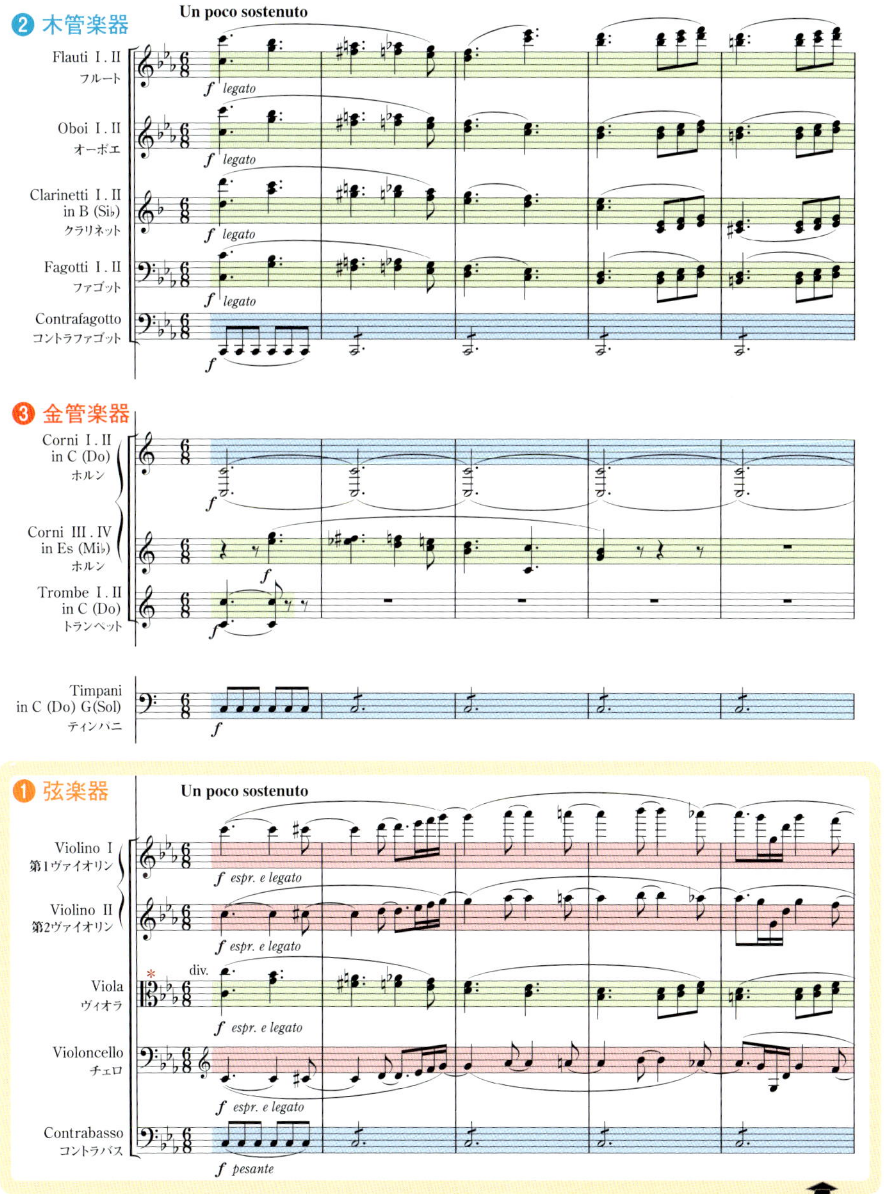

❷ 木管楽器
Un poco sostenuto
Flauti I . II
フルート
Oboi I . II
オーボエ
Clarinetti I . II
in B (Si♭)
クラリネット
Fagotti I . II
ファゴット
Contrafagotto
コントラファゴット
legato
❸ 金管楽器
Corni I . II
in C (Do)
ホルン
Corni III . IV
in Es (Mi♭)
ホルン
Trombe I . II
in C (Do)
トランペット
Timpani
in C (Do) G(Sol)
ティンパニ
❶ 弦楽器
Un poco sostenuto
Violino I
第1ヴァイオリン
Violino II
第2ヴァイオリン
Viola
ヴィオラ
div.
Violoncello
チェロ
Contrabasso
コントラバス
espr. e legato
pesante

簡略化すると…

【譜例2】簡略化した和声プラン

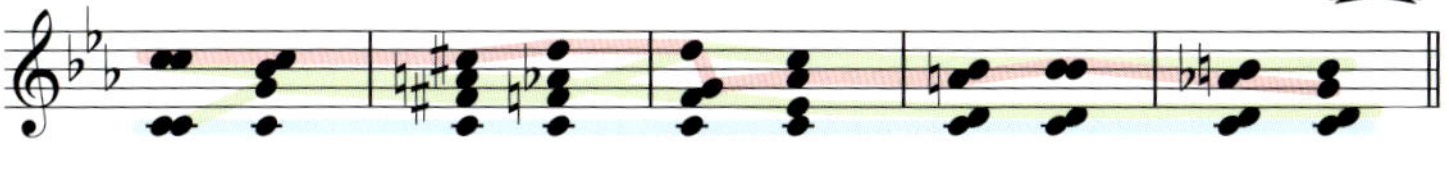

弦楽器がすべての
土台になっている

＊アルト記号…五線の真ん中の線が「ハ」音であることを示す記号。

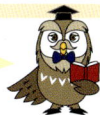

❷木管楽器 ―音楽に色彩を与える―

　しかし弦楽器だけではまだ面白みに欠けるかもしれません。じつは音楽には第四の要素があります。それが「音色」です。弦楽器は中立的な色で、とくに個性的な音色をもたず、そこが「オーケストラの土台」にふさわしかったのです。オーケストラで色彩豊かな音色を添える

のは木管楽器群です。華やかで透明な音色の**フルート**、芯のある鋭い音色の**オーボエ**、潤いのある柔らかい音色の**クラリネット**、独自の乾いた音色の**ファゴット**と、それぞれ個性的な「色」をもつ木管楽器が、弦に対して、くっきりときわだつのです。

❸金管楽器 ―リズムを強化し、響きを豊かにする―

　ホルンや**トランペット**も、オーケストラに独自の音色を添えるのはいうまでもありません。しかし、古典的なオーケストラでは、トランペットと**ティンパニ**は対になって、リズム楽器として機能するのが普通です。前ページのスコアでは、コントラバスをティンパニ（それにコントラファゴットも）が補強し、リズムを強化しています。とくにティンパニの効果は絶大で、この音楽の強力な推進力の

源となっているのです。トランペットやティンパニは壮大な盛り上がりのときも欠かせない楽器です。そしてホルン。ホルンは19世紀に旋律楽器として徐々に脚光を浴びるようになりますが、もとはオーケストラの音を混ぜ合わせるという、重要な機能がありました。音楽の隙間を埋め、全体の響きを豊かにするのです。オーケストラがさまざまな楽器の集合体であるだけに、これは欠かせない役割でした。

オーケストラに見るクラシック音楽の魅力

　「リズム」「メロディ」「ハーモニー」、それに第四の要素としての「音色」を完璧に備えるだけでなく、音楽が必要とするあらゆる要素を満たしたのが、オーケストラだったのです。
　そしてクラシック音楽の魅力はこの「総合的なたたずまい」にあるといえるでしょう。音楽のさまざまな要素を徹底的に追求し、しかもそれらの要素を総合したのがクラシックなのです。世界の民族音楽には、たとえばリズムや音色の洗練を極めた音楽があります。クラシック音楽はそうした一部の要素だけではなく、

すべての要素を組み合わせているのです。これはどちらがいいという問題ではなく、クラシック音楽の特徴であり、また魅力なのです。だからわたしたちはクラシック音楽のメロディに酔い、リズムに鼓舞され、ハーモニーにむせび、音色に魅了されるのです。そしてそれらが同時に起きたりもするのです。こうしたクラシック音楽の魅力を象徴し、それを実現するための究極の楽器がオーケストラなのです。逆にいえば、オーケストラの楽器の役割と組み合わせから、音楽に必要とされる要素も見えてくるのです。

楽譜にはどんな情報が書かれているの？

　楽譜は作曲者が遺した音楽についての直接的な証言です。「楽譜はどうも…」という人も、基本的な約束事さえ確認しておけば、それが表している音楽情報の手がかりを得ることができます。その向こうには無限ともいえる豊かな音楽世界が広がっているのです。ここではショパンの《雨だれ》前奏曲の冒頭を、楽譜への入り口としてみましょう。

速度標語
（➡次ページ①参照）

通常イタリア語で表記され、曲のテンポを指示します。

音程
（➡次ページ②参照）

音と音の高さの間隔を「音程」といいます。数字＋度で表します。

ト音記号

五線の下から2番目の線が「ト」音であることを示す記号です。高い音域で使われます。

Sostenuto

2度　　2度

縦線
（小節線）

シ♭　ド　レ♭

ヘ音記号

五線の上から2番目の線が「ヘ」音であることを示す記号です。低い音域で使われます。

強　弱　中　弱

小節

縦線と縦線で区切られた部分を小節といいます。

音名と階名
（➡次ページ③参照）

音の名称には絶対的音高を表す「音名」と、音階のなかでの相対的音高を表す「階名」があります。

調号
（➡次ページ④参照）

ここでは変ニ長調を表します。変ニ長調とは、第1音（主音）を「変ニ」とする「長」音階に基づく「調」子を意味します。

拍子
（➡次ページ⑤参照）

楽譜の冒頭には拍子を表す記号（拍子記号）がつきます。Cは4分の4拍子を表します。

（演奏は CD 35 に収録されています）

❶ 速度標語

イタリア語表記では、ゆっくりのアンダンテ Andante から快速調のアレグロ Allegro が普通の速度の範囲として用いられます。「歩くような速さで」というアンダンテには「気楽な」といった意味合いもあり、またアレグロのもとの意味は「快活な」です。このように、速度標語はもとは「性格」を表しており、曲の性格がテンポを決定するのです。前ページの《雨だれ》前奏曲の譜例にあるソステヌート Sostenuto もこの曲の性格を表しており、「音を保持して（ソステヌート）」「ひきずるように」という意味から、遅めのテンポが指示されていることがわかります。

遅い ←→ 速い

Largo	ラルゴ	幅広く、ゆるやかに
Lento	レント	ゆるやかに、遅く
Adagio	アダージョ	遅く
Andante	アンダンテ	歩くような速さで
Andantino	アンダンティーノ	アンダンテよりやや速く
Moderato	モデラート	中くらいの速さで
Allegretto	アレグレット	やや速く
Allegro	アレグロ	快速に、速く
Vivace	ヴィヴァーチェ	活発に、速く
Presto	プレスト	非常に速く

❷ 音程

音程は同じ高さの2音を「1度」とし、五線上で離れるごとに「2度」、「3度」……と数えます。

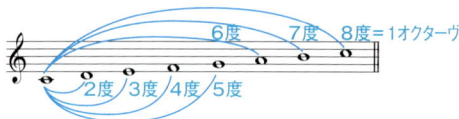

6度　7度　8度＝1オクターヴ
2度／3度／4度／5度

ただし前ページの譜例を見てください。譜面上では同じ2度でも、鍵盤で表すと、隣り合った鍵盤2つの2度と、鍵盤3つの2度があります。前者を「短2度」、あるいは「半音」、後者を「長2度」、あるいは「全音」といいます。

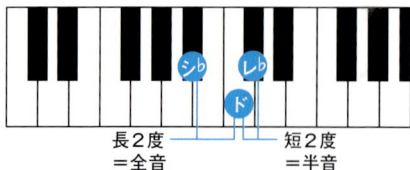

長2度＝全音　　シ♭　レ♭　ド　　短2度＝半音

これは譜面上の視覚的にはすべて同じに見えるのに、実際は、五線の間隔に全音と半音があり（ミ−ファ、シ−ドは半音、あとは全音です）、また♯や♭で音高を変えたりするからです。2度から7度までの音程は右の表のようになります。これらの音程がさらに半音狭まると「減音程」、半音広がると「増音程」となります（減音程と増音程はすべて不協和音程）。

西洋では2つの音の周波数比が単純であるほど、「協和」しているとみなされました。協和音程はもっとも安定しており、「透明な」「空ろな」響き、不完全協和音程はいわゆる「ハモる」「きれいな」響きです。不協和音程は不安定で、「濁った」「音がぶつかった」響きであり、協和音程への解決によって緊張が弛む感じが生まれます。

音程の一覧表　　　■ 全音　■ 半音

音程				音程の種類
2度	短2度			不協和音程
	長2度			
3度	短3度			不完全協和音程
	長3度			
4度	完全4度			完全協和音程
5度	完全5度			
6度	短6度			不完全協和音程
	長6度			
7度	短7度			不協和音程
	長7度			

❸ 音名と階名

「音名」は日本語では**ハ・ニ・ホ・ヘ・ト・イ・ロ**となります。音が半音下がると「変」、半音上がると「嬰」で示します。

なお本書ではイタリア語の音名（ドレミ）をもとにし、音が半音上がると音名に♯（たとえばファ♯）、半音下がると♭（たとえばミ♭）をつけて記しています。

※これに対して「階名」は、長音階の場合、第1音を「ド」、第2音を「レ」、第3音を「ミ」……第7音を「シ」と呼びます。何調でもすべて第1音からド・レ・ミ・ファ・ソ・ラ・シと読むのです。したがって、たとえば変ニ長調では第1音変ニが「ド」となります。階名は音階のなかでの音の名称なのです。

音名

日本語	ハ	ニ	ホ	ヘ	ト	イ	ロ	ハ
英語	C	D	E	F	G	A	B	C
ドイツ語	C ツェー	D デー	E エー	F エフ	G ゲー	A アー	H ハー	C ツェー
イタリア語	Do ド	Re レ	Mi ミ	Fa ファ	Sol ソ	Ra ラ	Si シ	Do ド

♯ シャープ
嬰記号
半音上げる

♭ フラット
変記号
半音下げる

♮ ナチュラル
もとの高さに戻す

❹ 調号

調号は必要な音をまとめて半音上げたり下げたりする記号とみなすべきではありません。**音階は、まるごと全体、高さを移動することができます**。第1音をどこからでも始められるのです。たとえばハから始めると、ハ長調となり、調号はありません（ないこともひとつの指示です）。変ニから始めると、変ニ長調ということになりますが、これは♭5つの調号となります。つまり**調号とは音階の位置を固定し、調を確定する記号**なのです。なお普通は調号はふたつの調、つまり長調と短調を示しています

（たとえばハ長調とイ短調で、これらの関係を「平行調」といいます→p.137）。

ハ長調（調号なし）

⬇ 短2度上に移動すると……

変ニ長調（♭5つ）

⬇ 譜面をわかりやすくするために5つの♭を冒頭にまとめて示したものが「調号」です

❺ 拍子

規則的なアクセント周期によって時間を秩序づけるのが拍子です。**拍子記号の分母は拍の単位、分子は1小節中の拍数を表します**。たとえば4分の3拍子は、4分音符が1小節に3つということになります。《雨だれ》の4分の4拍子では、1小節の拍のアクセントは、前ページの譜例のように、｜強弱中弱｜となります。しかし拍子は単調なアクセントの交替ではありませ

ん。そこには弾むようなビートがあり、音楽を推進するエネルギーの循環があるのです。**拍子は音楽の生命力の源です**。

$\mathbf{C} = \dfrac{4}{4}$ — 1小節に4つの拍が入る
拍の単位を表す
（この場合1拍は4分音符）

$\dfrac{3}{4} = |\ ♩\ ♩\ ♩\ |$

$\dfrac{6}{8} = |\ ♪♪♪\ ♪♪♪\ |$

音楽の**しくみ**はどうなっているの?

◆機能和声とは?

《雨だれ》のような音楽のハーモニーを「機能和声」ということがあります。機能和声は音階上の三和音を、機能（はたらき）によって「トニック（T）」、「ドミナント（D）」、「サブドミナント（S）」に分類し、体系的に用いる方法です。この体系の中心にあるのはドミナント（D）です。ドミナントは音階の第5音上の三和音（ハ長調なら「ソ・シ・レ（Ⅴ）」）で、「属和音」ともいいます。

ハ長調の音階の上にできる三和音

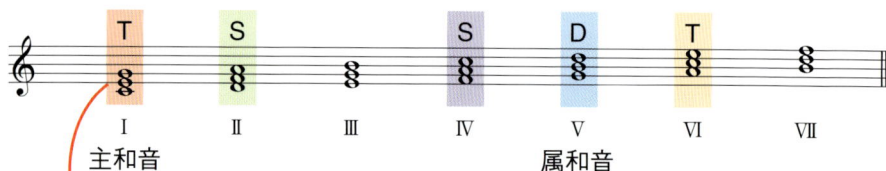

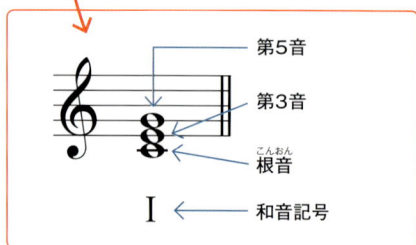

主和音　　　　　　　　　　　　　属和音

第5音
第3音
根音
Ⅰ ← 和音記号

ドミナント（D）はトニック（T）へ解決・安定する性質があり、終止形（カデンツ）を形成します。「ソ・シ・レ（Ⅴ）」のなかの導音「シ」が半音上の「ド」へ進行し、主和音「ド・ミ・ソ（Ⅰ）」を誘導する性質があるからとされています。SはD・Tのどちらにも属さない和音として、不安定さや色彩の要素となります。

和音の種類	機能（はたらき）
トニック（T） Ⅰ、Ⅵ	音階を代表する重要な和音で安定感を強く示す
ドミナント（D） Ⅴ	主和音へ進もうとする強い性格をもつ
サブドミナント(S) Ⅳ、Ⅱ	色彩的な響きや開放感など、トニックとドミナントとは別の機能をもつ

ドミナント（D）はトニック（T）に進みたがる性質をもつ

トニックへ行きたい！　　安定

このはたらきによって曲は終わった感じ（終止感）を得る

◆調性音楽

下の譜例はルネサンスの作曲家ジョスカン・デ・プレの《アヴェ・マリア》の終結部分です。ここにはすでにV−Iのカデンツが形成されています。現代でいえば「礼」−「着席」の響きです。**カデンツは曲の終結部分だけでなく、強度をさ**まざまに変えることで、**曲全体に使われ、西洋音楽の典型的な響きとなりました。**機能和声はドミナントを中心に和音を体系づけたシステムであり、このハーモニー法による音楽を「**調性音楽**」ということがあります。

ジョスカン・デ・プレ《アヴェ・マリア》より終結部
（演奏は CD 04 00:10〜 に収録されています）

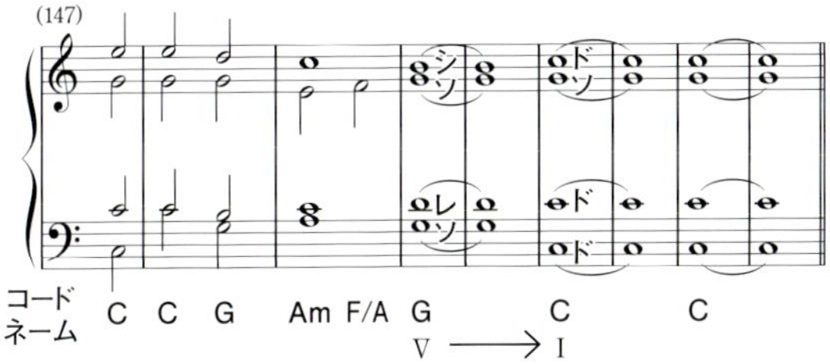

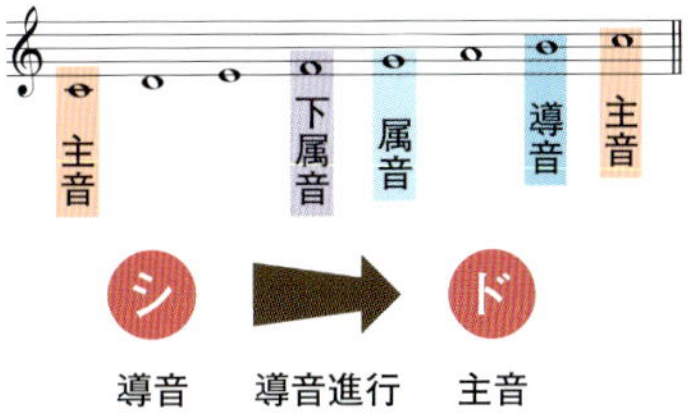

◆「正格終止」と「変格終止」

ドミナントによる終止は「**正格終止**」とも呼ばれ、これに対して「**変格終止**」もあります。これはサブドミナント（S）がトニック（T）へ落ち着くもので、賛美歌で最後に「アーメン」を唱えるときによく用いられる終止であるため、「アーメン終止」ともいいます。和音はIV−Iとなり、柔らかい終止で、西洋では伝統的に宗教的なイメージがあります。アーメン終止の例をヘンデルの《ハレルヤ・コーラス》の終結部分から確認しておきましょう。

ヘンデル《ハレルヤ・コーラス》より終結部
（演奏は CD 12 03:28〜 に収録されています）

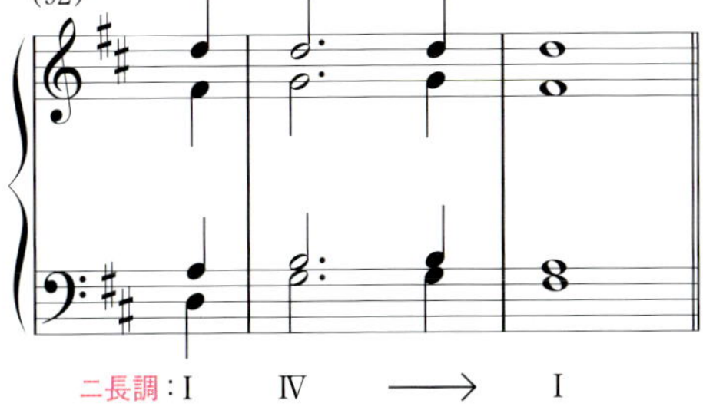

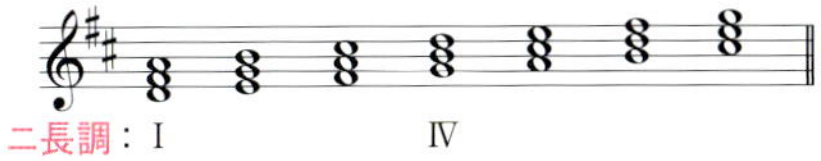

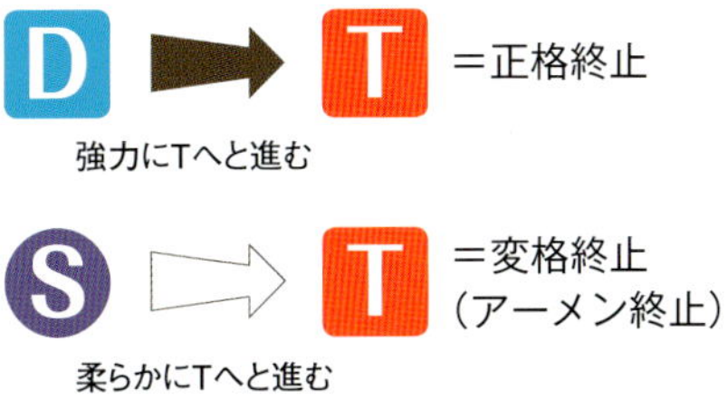

タイトルは、どう読むの？

クラシック音楽の長たらしいタイトルは、曲についての情報を集約的に示しています。それを知らない手はありません。

ドヴォルザークの《新世界より》を例に、確認してみましょう。

ドヴォルザークの交響曲の通し番号です。彼は交響曲を9曲完成したので、最後の交響曲になります。作曲家が自分の作品の番号を意識するようになるのはベートーヴェンあたりからで、モーツァルトの交響曲が41曲というのは、後世の研究家が収集・整理した結果にすぎません。シューベルトの第7番、第8番も作者の死後発見されたため、紆余曲折があり、現在の番号に落ち着きました。

普通、第1楽章の、それも序奏がある場合は主部の調性（キー）で表します。《運命》は「ハ短調」とタイトルに記されており、第1楽章はハ短調ですが、第4楽章はハ長調です。調性は音楽の性格を表すと考えられていました。調がわかると、だいたいその曲の「世界」が感じとれるのです。

ドヴォルザーク

| 交響曲第9番 | 木短調 | 作品95 | 《新世界より》 |

ドヴォルザークの作品の通し番号です。「op.95」と書く場合もありますが、op.はラテン語の「作品 opus」に由来しています。普通は作曲順につけられます。ただし作者の死後まとめられた場合は、研究家の名を冠したり（モーツァルトのケッヘル番号 K、ハイドンのホーボーケン番号 Hob.など）、あるいは単にバッハ作品番号 Bach-Werke-Verzeichnis などを略して BWV を使ったりもします（ヘンデル作品番号 HWV など）。

本来、表現が抽象的な器楽曲では、曲の理解を助けるために副題をつけることがよくあります。この《新世界より》は作曲者自身の命名ですが、そうでない場合も多々あります（《雨だれ》といったニックネームなど最たるものです）。副題と楽曲にどの程度の関連があるかはさまざまですが、曲の知名度を上げるのに役立つことだけは確かです。

第2章

名曲で読み解く
クラシック音楽の歴史

音楽の始まり

音楽の語源

　音楽 music の語源を辿ると、ギリシャ語の**ムーシケー**にまで遡ります。ムーシケーとは、太陽神アポロンに仕える九柱の女神「**ムーサ**（英語読みではミューズ）たちの芸」といった意味になります。ムーサたちはそれぞれ詩や歌や舞踊をつかさどり、彼女たちの行為全体がムーシケーだったのです。音楽は詩や舞踊などとまだ未分化であり、そこから分離・独立するには、永い時間を必要としました。音楽とは、女神たちが執り行う「技」であり、何か**神的なもの**であったことがわかります。

「祈祷」としての音楽

　音楽についての最も古い記録から浮かび上がってくるのは、「**祈祷**」としての音楽です。また古くから「**医療**」のために音楽が使われていたこともよく知られています（現代の**音楽療法**はその名残といえるでしょう）。音楽は**神々や自然に願いを届けたり、悪霊を追い払って病気を治すための手段**でした。それはまるで神や霊の世界と交信するための魔術であるかのようです。そしてそうした魔術を行う「祈祷師」はまた「音楽家」でもあったのです。彼ら・彼女らは、呪文を唱え、歌い、また踊ったにちがいありません。語源が示しているように、音楽はやはり総合的なパフォーマンスの一部だったのです。

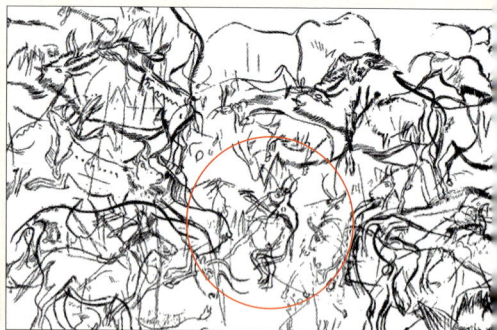

フランスのレ・トロワ＝フレール洞窟の壁に描かれた最古の「音楽家」（上）
二本足で直立し、弓のような楽器を演奏していることから、音楽的行為をしている人間と考えられる。しかし、ここでは、動物の毛皮をまとい、角を生やし、尻尾を垂らしていることから、人間界と自然界・動物界をつなぐ呪術行為が執り行われていると推察される

九柱のムーサたち（左）
各ムーサたちがそれぞれ、音楽や詩といった学芸の諸分野をつかさどった

ウーラニアー➡

⬅九柱のムーサの長女カリオペー
叙事詩をつかさどる

⬆天球儀

ヴーエ『ウーラニアーとカリオペー』（1634年、フランス）
ウーラニアーは、「占星術」と「天文」をつかさどる女神。そのため、杖やコンパス、天球
儀などを持った姿で表されることが多い（ここでは天球儀に寄りかかっている）

天体と宇宙のハーモニー

　最初の音楽文化は人類の曙（あけぼの）から旧石器時代に属すると考えられますが、次の段階は新石器時代です。洞窟に住んで狩猟を行う時代から、農耕を行い、社会を形成する時代となるのです。農作物は蓄えられ、所有の概念が発生し、社会同士で争いが起きたりするようになります。

　古代ギリシャのムーサ（ミューズ）たちのうちで、ウーラニアーは「天文」をつかさどる女神でした。新石器時代から古代文明にかけて特徴的なのは、音楽は天文や数学と結びつけて論じられたことです。またこの時代はストーンヘンジやピラミッドをはじめとした巨大な建造物が造られた時代でもあります。巨石建築物が新しくできた社会を成立させる権力を象徴するとしたら、音楽は人間社会のあるべき姿としての調和（ハルモニア）を内包していると考えられました。そしてそれは天体と宇宙の調和に通じているというのです。

確かに音の高さには数理的秩序がありますが、そうした音楽の深く論理的であると同時に神秘的な側面に、古代文明人は世界の本質を見たのです。

　音楽は社会を映し出す鏡でもあります。古代文明の次の段階は、社会の基盤として宗教が勢力をもった時代です。西洋ではキリスト教の時代の到来です。そこでは音楽はどのような姿で立ち現れてくるのでしょうか。

PITAGORAS

音程の実験をするピタゴラス
数学者ピタゴラスは、鍛冶屋でさまざまな金づちの音を聞いて、協和音程の振動数の整数比を発見したとされる

祈りよとどけ
聖なる歌を「モノフォニー」にのせて
♪グレゴリオ聖歌《怒りの日》

　中世はすべてが宗教によって支配されていた時代です。政治も経済も、学芸も、あらゆる活動が教皇を頂点としたキリスト教の統制下にありました。人間の創作活動も厳しく規制されましたが、美術や音楽は、聖書の物語を人々に教え、敬虔の情を起こすように、教会での使用が許されたのでした。そうしたなかで典礼用の聖歌を編纂し、制定したのがグレゴリウス1世（在位590–604）とされています。聖歌は彼の名を冠して「グレゴリオ聖歌」と呼ばれ、中世を代表する音楽となりました。

グレゴリウス1世

旋律のみの音楽

　グレゴリオ聖歌とは、ローマ＝カトリック教会の典礼音楽ですが、その特徴は次のようになります。

┈┈ グレゴリオ聖歌の5つの特徴 ┈┈┈┈┈

❶基本的にラテン語で、聖書からとられた言葉を歌詞とする。

❷旋律のみ、無伴奏の単旋律・モノフォニー（→p.45）の様式

❸ネウマ譜と呼ばれる四線の楽譜に記譜されている。

❹教会旋法（→p.65）という音組織に基づく。

❺原則として男声によって歌われる。

四線のネウマ譜
（1440年頃、ザルツブルク）
四線の下には歌詞が書き込まれている

初期の大教父アウグスティヌス（354-430）は著書『告白』のなかで、ためらいながらも聖歌の使用を認め、次のように書いています。

> しかし、聖歌の言葉ではなく、音楽に快楽を感じたとしたら、わたしは罰を受けるべき罪を犯したのです

ここでは聖歌が「歌詞」と「音楽」のふたつの側面で分けてとらえられており、歌詞の側面だけに価値が置かれています。音楽的側面は「快楽的」であり、「罪」に値するのです。これがグレゴリオ聖歌が**モノフォニー**となる必然と考えられます。つまり**グレゴリオ聖歌の存在理由は神の言葉である歌詞にあり、歌詞をもっとも生かす様式として単旋律となる**のです。

したがって、歌詞を覆い隠したり、音楽を助長したりするような要素は締め出されます。たとえば楽器（インストゥルメント）は言葉をもたず、音楽的側面のみを強化するため「悪魔の道具（インストゥルメント）」として排斥されます。また複数の旋律からなる**ポリフォニー**（→p.45）も退けられます。

グレゴリオ聖歌のモノフォニーは単純で未発達なのではなく、神の言葉を伝える宗教的な目的にもっともかなったスタイルなのです。

ヨーロッパの民族音楽はポリフォニーの合唱音楽の宝庫であり、グレゴリオ聖歌以前から多声音楽は存在したと考えられます。また395年のローマ帝国の東西分裂以後、1054年の東西教会の分裂以前にも、東方教会では聖歌に**ドローン**（バグパイプの低音のように保続される音）が用いられました。西方カトリック教会のグレゴリオ聖歌がモノフォニーであることは、これらの音楽と差別化するのに役立ったはずです。しかし、それ以上に、**単一の旋律だけであることは、歌詞を重視する音楽にもっともふさわしい様式だった**にちがいありません。

清らかな声で

アウグスティヌスは、聖歌は「清らかな声で」歌われるべきだとも書いています。何といっても聖なる神の言葉を歌うからです。教会での歌唱は男性と少年によっておこなわれ、聖歌隊が組織されることになります（これは音楽学校の基礎ともなります）。グレゴリオ聖歌では、女子修道院などを除くと、男性によって歌われるのが普通だったのです。この伝統は後世まで続き、教会で女性に歌わせることは罪とされました。後にバッハが礼拝堂（いいなずけ）で許嫁に歌わせて、非難されたことが思い浮かびます。

教会で歌っていた美声のハイドンが、変声期前に去勢を勧められたという話は、「清らかな」男声への強い志向を物語るものです。このことは、日本の例でいえば、神事である相撲の土俵へ女性は登れないという、男性文化の価値観と共通するものがあります。

聖歌を歌う修道士たち（14世紀後半）

ミサとは？

　グレゴリオ聖歌が歌われるもっとも重要な儀式がミサです。ミサとは「集い」「集会」を意味し、基本的に信徒が毎日曜日に会する機会となります。それは**「最後の晩餐」を再現、あるいは記念する儀式**です。

　「最後の晩餐」とは、イエス・キリストが十字架にかけられる前の晩に、12人の使徒を集めておこなわれた夕食会です。『聖書』にはその記述があります（『マタイによる福音書』第26章第20-30節）。キリストはそこで自分を裏切る者がいることを告げます。するとユダはたじろぎ、ほかの者は「わたしではないでしょうね」と次々に問いかけます。この瞬間をとらえたのが有名なレオナルド・ダ・ヴィンチの『最後の晩餐』です。

　そしてイエスはパンをとり、祝福して、「これはわたしの体だ、みんなで食べなさい」といいます。さらに杯に感謝し、ぶどう酒を「わたしの血」であるとして、飲むようにいいます。このあと賛美が歌われました。イエスは「わたしを記念するため、このようにおこないなさい」（『ルカによる福音書』第22章第19節）ともいっており、以上の模様を儀式化したのがミサなのです。

　イエスの謎に満ちた象徴的な言葉は、明らかに、生け贄の儀式を表しています。以前は子羊を屠り、神に捧げる儀式がありました。子羊は神への供え物となり、その血と肉を信者が与ることで、聖なるものを共有するのです。ミサは、かつておこなわれた生け贄を、高度に霊化した儀式といえるでしょう。

ダ・ヴィンチ『最後の晩餐』（1498年）

ミサにおけるグレゴリオ聖歌

　ミサで用いられるグレゴリオ聖歌は、基本の骨格となる**「通常文」**と、目的や祝日などによって随時加えられる**「固有文」**からなります。通常文は次の5章からなり、一般に**「ミサ曲」**といえば、これらの曲を指すのが普通です。

ミサ曲の構成（通常文）

❶ キリエ *Kyrie*

憐れみの賛歌。例外的にギリシャ語で、「主よ 憐れみたまえ／キリスト憐れみたまえ／主よ 憐れみたまえ」の3行からなります。

❷ グローリア *Gloria*

栄光の賛歌。「天の神に栄光、地には善意の人々に平安あれ」と歌い出され、神とキリストの聖性を讃え、憐れみを嘆願し、最後は「聖霊とともに 父なる神の栄光においてアーメン」と結ばれます。

❸ クレド *Credo*

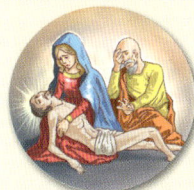

信仰宣言の章。通常文のなかでもっとも長いテキストで、キリストの生誕から、十字架に架けられ、復活するまでの記述があり、マリア様も登場するドラマティックな章です。

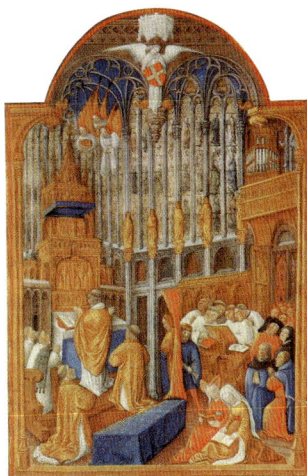

❹ サンクトゥス *Sanctus*

感謝の賛歌。「聖なるかな」を3度唱え、神を賛美し、「天のいと高きところにホザンナ」と続きます。後半はイエスを祝福する「ベネディクトゥス」となります。

❺ アニュス・デイ *Agnus Dei*

平和の賛歌。イエスに憐れみを請い、「われらに平和を与えたまえ」と結びます。

クリスマスのミサの様子（1485-1489年、パリ）

まず開始を告げる固有文「入祭唱（イントロイトゥス）」が唱えられて、ミサが始まります。そして「クレド」の後、最後の晩餐を記念する儀式となります。パンとぶどう酒がキリストの血と肉（聖体）へと昇華されるのです。その後、「サンクトゥス」と「アニュス・デイ」が歌われ、会衆がパンとぶどう酒に与る儀式が続きます。

死者のためのミサ曲＝レクイエム

死者のためのミサ曲は、とくに「レクイエム」と呼ばれることがあります。これは冒頭の「入祭唱」の歌い出しの言葉「永遠の安息（レクイエム・エテルナム）を彼らに与えたまえ」に由来しています。レクイエムはもとは死者一般のためのミサ曲ですが、特定の人の葬儀の際の音楽としても用いられるようになりました。

レクイエムではミサ通常文の「グローリア」と「クレド」ははずされます。輝かしい栄光の賛歌「グローリア」はレクイエムにふさわしくなく、信仰を宣言する本人が死者であるために、「クレド」は不要となるからです。こうして通常文からは「キリエ」「サンクトゥス」「アニュス・デイ」の3章がとりあげられることになります。必要な固有文が織

死者のためのミサ（1410年頃、パリ）

り込まれて、全体の構成は次のようになります。

レクイエムの構成

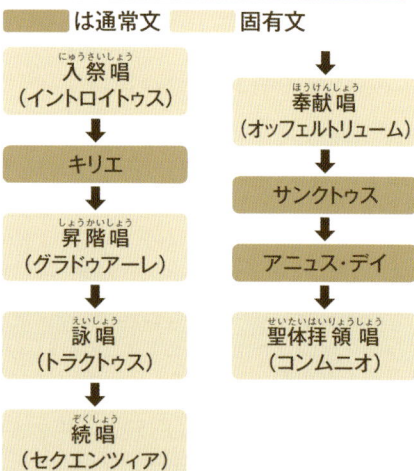

▨ は通常文　　　▨ 固有文

入祭唱
（イントロイトゥス）
↓
キリエ
↓
昇階唱
（グラドゥアーレ）
↓
詠唱
（トラクトゥス）
↓
続唱
（セクエンツィア）

奉献唱
（オッフェルトリューム）
↓
サンクトゥス
↓
アニュス・デイ
↓
聖体拝領唱
（コンムニオ）

後世の作曲家が創作する場合、どれかの章を省略したり、またレクイエム終了後に唱えられる音楽がとりあげられたりすることがあります*。

《怒りの日（ディエス・イレ）》

レクイエムは歌われる頻度からいっても、印象の強さからいっても、もっともよく知られた聖歌です。後世の多くの作曲家たちも作曲に挑みましたが、グレゴリオ聖歌によるレクイエムは決定版といわれています。そのなかでももっとも有名なのが《怒りの日（ディエス・イレ）》です。

《怒りの日》は固有文「セクエンツィア」の通称です。冒頭の歌い出しの言葉から、

この名で呼ばれているのです。トマス・デ・チェラーノによると考えられている歌詞は、正確に韻を踏む3行からなる節を17回連ね、最後に2行を3回唱えて終わります。

トマス・デ・チェラーノ
（1200頃-1260～70）

＊多くの典礼式文が改正された第2ヴァティカン公会議（1962-1965年）では、レクイエムの固有文についても変更が見られる。

《怒りの日》歌詞

Dies irae! dies illa
solvet saeclum in favilla:
teste David cum Sibylla.

怒りの日、その日こそ
世界が灰燼に帰す日
ダビデとシビラの預言のとおり

Quantus tremor est futurus,
quando judex est venturus,
cuncta stricte discussurus.

審判者があらわれ
すべてが厳しく裁かれるとき
その恐ろしさはいかばかり…

Lacrimosa dies illa,
qua resurget ex favilla

涙の日 その日こそ
灰のなかから蘇る日

judicandus homo reus:
Huic ergo parce Deus.

罪ある者が裁きを受けるため
神よ この者を赦したまえ

Pie Jesu Domine,
dona eis requiem. Amen.

慈悲深き主 イエスよ
彼らに安息を与えたまえ

これは最後の審判の日の情景です。ミケランジェロはその光景を右の絵のように描いています。

その日、全土でラッパが鳴り響き、生きている者はおろか、死者も生きかえり、最後の裁きを受けるのです。すべての人がその生きざまによって、天国か地獄か最終的に選択される日。この凄絶な恐怖の日を描く部分が、レクイエムのなかでもとくに有名になるのもうなずけます。

ミケランジェロ『最後の審判』（1541年）

《怒りの日》の音楽

　《怒りの日》の長大な歌詞に、グレゴリオ聖歌は4種類の音楽をあてています。これらをABCDで示すと、3行からなる17の節と2行の3節は次のようになります。

節	3行																	2行		
	1	2	3	4	5	6	7	8	9	10	11	12	13	14	15	16	17	1	2	3
音楽	A	A	B	B	C	C	A	A	B	B	C	C	A	A	B	B	C	D	D	D

Aの旋律は次のように歌われます

CD 01　《怒りの日》

（第2、4、6節は、付属CDでは女声で歌われています）

Di - es i - ra, di - es il - la, sol - vet＿ sae - clum＿ in - fa - vil - la: tes - te＿ Da - vid＿ cum Si - byl - la.

　グレゴリオ聖歌は「教会旋法」という音組織に依拠し、《怒りの日》は8種類ある旋法のうちの「第1旋法」に基づいています。これはレ・ミ・ファ・ソ・ラ・シ・ドを構成音とし、「ドリア旋法」ともいいます。《怒りの日》の旋律の、厳粛で神秘的な印象は、ドリア旋法によって醸し

死者のためのミサの様子（1430年頃、ネーデルランド）
祭壇の前にふたりの聖職者がおり、その後ろの譜面台のかたわらにはミサを歌う歌手たちがいる

出されているのです。20世紀になって、ドビュッシーが弦とハープのために《神聖な舞曲と世俗的な舞曲》（1904）を作曲したとき、《神聖な舞曲》のために、ドリア旋法を用いました。またわたしたちにもっともなじみ深いのは《君が代》です。あの荘重で高貴な音調がドリア旋法の特徴なのです。

　次のBの部分 **CD 00:36〜** では、歌い出しの部分に高いドが現れ、訴えの表情が見られます。そのラードーシという進行はきわめてドリア的でもあります（ニ短調だと、シ♭になります）。またC **CD 01:22〜** は落ち着いた調子となり、ABCはアーチ状の緊張のカーブを描いています。音楽的にも練り上げられた構造といえるでしょう。

　歌詞が恐るべき世界を描くのに対し、音楽は荘厳ななかにも深い祈りと化した響きをたちのぼらせるのです。

教会旋法とは?

「旋法」(英:モード mode)とは音楽の調子(=音調)を決定する音の組み合わせで、普通、音階で示されます。「教会旋法」というのは中世ヨーロッパの旋法です。教会旋法には次の8種類がありました。〇は終止音、〇は支配音と呼ばれます。

第1旋法　ドリア

第2旋法　ヒポドリア

第3旋法　フリギア

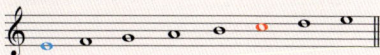

第4旋法　ヒポフリギア

第5旋法　リディア

第6旋法　ヒポリディア

第7旋法　ミクソリディア

第8旋法　ヒポミクソリディア

※「ヒポ」がつくと音階は4度下がります。

イギリス民謡《グリーンスリーヴス》はドリア旋法の曲ですが、短調でも長調でもない、独自の音調をもっています。

中世には長音階でも短音階でもない音階があったということです。じつは長音階は「イオニア旋法」、短音階は「エオリア旋法」と呼ばれ、16世紀になって教会旋法に加えられたのです。

ところが後世に残ったのはこれらふたつだけで、あとはほとんど使われなくなってしまいました(→p.93)。ヨーロッパで教会旋法が復活するのは19世紀末からです。1950年代末には「モード・ジャズ」という教会旋法(モード)を用いたジャズが興ります。以後、教会旋法はポピュラー音楽の重要な音階ともなっています。

まとめ

後世の作曲家がレクイエムを作曲するとき、セクエンツィアの長大なテキストをいくつかの部分に分けて《怒りの日》を作曲するのが普通でした。そしてそこはレクイエム最大の聴きどころともなりました。作曲家たちは腕によりをかけて、《怒りの日》をドラマティックに演出しようとしたからです。モーツァルト、ベルリオーズ(彼は8対のティンパニに、トランペットとトロンボーン32本を投入しました!)、ヴェルディなどの名作があります。

またグレゴリオ聖歌の《怒りの日》の旋律は、ロマン派以降の作曲家たちが好んでとりあげることにもなりました。ベルリオーズの《幻想交響曲》(→p.150)やリストの《死の舞踏》、それにラフマニノフの諸作品など、枚挙にいとまがありません。

「悪魔」「死」「地獄」といった、中世世界から連想されるおどろおどろしいものが、その旋律から沸き上がるかのようです。

人間中心主義の輝き
「わたし」が発見した「甘美な響き」
♪ジョスカン・デ・プレ　モテット《アヴェ・マリア》

　西洋音楽史では1450年頃から1600年頃を「ルネサンス」*と呼んでいます。ルネサンスとは、中世から近代への大規模な転換を引き起こした文化運動で、その根底にあるのは「人間性の目覚め」といえるでしょう。期せずして、美術と音楽では1420年代に画期的な事件が起きています。遠近法の発明と響きの革新です。前者は目覚めた自我が世界を見る方法であり、後者は音楽における美意識の目覚めだったのかもしれません。

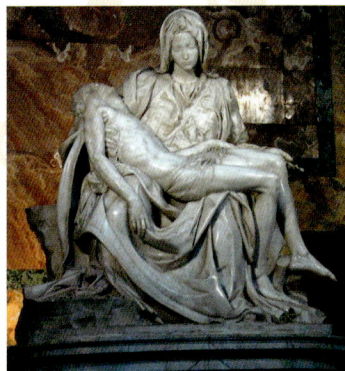
ミケランジェロ『ピエタ』（1499年）

ルネサンスの世界観

　ルネサンスの新しい精神をイタリア・ルネサンスの絵画から見てみましょう。
　ボッティチェッリの『春』は1482年頃、ルネサンスたけなわのフィレンツェで描かれました。登場するのはすべてローマ神話の神々であり、ルネサンスが古代の「再生」を意味するゆえんです。

中央やや奥にヴィーナス、その頭上で息子のキューピッドが弓を引く。その矢が狙っているのは半裸の三美神。左に立つのは、この庭園を守るマーキュリー。画面の右側では西風の神ゼピュロスがニンフに風を吹きかけている。ニンフが寄りかかるのは、花の女神フローラ

ボッティチェッリ『春』
（1482年頃）

*仏：renaissance
「再生」の意味。

66

一説によると、画面右のニンフはフローラへと変身しており、西風に吹かれて芽を出し、花が咲くという春の季節を描いているといいます。この右から左への動きが行き着く中央のヴィーナスは、懐妊しているようです。花はやがて実を結ぶことを暗示しているのです。そしてキューピッドが狙う矢は、三美神のなかの「貞節の女神」だとされています。「今や恥じらいを捨てなさい。春は恋の季節であり、新たな命の誕生という奇跡のときなのです」というかのように。これは生の営みを謳歌する生命への賛美なのです。

それにしても、何というおおらかな世界観でしょう。宗教の支配下にあった「暗黒の中世」では、現世は来世へ向かうためのものでしかなかったのに対し、ルネサンスの眼差しは「現実」に向けられています。生命輝く春を題材として、現世と人間性を肯定し、賛美するのです。この「人間中心主義」がルネサンスの基本的なあり方となります。

「あるべき」から「甘美な」響きへ

音楽史上でも革命が起きました。それまでは聖歌を装飾するために、グレゴリオ聖歌には別の声部が重ねられていましたが、音程は４度・５度・８度と定められていました。これらは「完全協和音程」（→p.50）と呼ばれ、周波数の比が単純な整数となる音程です。たとえば「ド」に対して５度上の音は「ソ」です。これらの音を同時に鳴らすと、とりとめのないような空虚な響きです。しかし響きが問題なのではありません。神を讃える音楽は完全な音程で「あるべき」だというのであり、それが暗黙の前提だったのです。

ところがルネサンスでは3度の響きが導入され、三和音が鳴り響いたのでした。つまり中世までの「ド」と「ソ」に、「ド」から３度上の「ミ」が加わり、「ド・ミ・ソ」となったのです。

1420年代にイギリスから伝わったこの響きは、すぐにヨーロッパ全土に波及しました。当時の人は「以前の音楽は聴くに値しない」と断言し、新しい音楽が「甘美な響き」であることを賞めたたえ

ています（ティンクトーリス『対位法』1477年）。目覚めた人間がみずから感じた「美」が響きの基準となったのです。ルネサンスの人間中心主義が音楽にもたらした変革とみなすことができるでしょう。

中世まで → ルネサンス

空虚な響き　　美しい響きへ

ジョスカン・デ・プレ モテット《アヴェ・マリア》

ジョスカン・デ・プレはルネサンスを代表する作曲家であり、当時から名声をほしいままにしました。モテット*《アヴェ・マリア》はそのジョスカンの名作であるだけでなく、古今の合唱音楽の最高峰ともいわれる作品です。最近の研究では1484〜85年の作とされ、短いながら、さまざまなスタイルがとり入れられています。

歌い出しの部分は、ソプラノから順に旋律が遅れて出る**カノン（一般に「輪唱」ともいわれる、同じ旋律を追いかけるスタイル）**の技法が使われています。ジョスカンはカノンを自由自在に操る「カノンの王」とも呼ばれました。

> この曲のようにひとつの旋律をさまざまな声部でカノン風に模倣するスタイルを「通模倣様式」ともいうのじゃ

譜例では旋律が3度か6度（片方の音をオクターヴ移すと3度になる）で重なる部分を □ で示してあります。ルネサンスの響きがするところです。聴いてみましょう。

ジョスカン・デ・プレ
（1440頃-1521）

CD 02 《アヴェ・マリア》冒頭

音の重なり合うところをよーく聴いてみよう

3度

6度

ルネサンスの音楽の特徴は、それぞれのパートが独立した旋律であるということです。このスタイルを**ポリフォニー**（→p.45）といいます。どれかが前面に出て、どれかが背後に回るというのではなく、等価の声部による調和の響きなのです。そこに「甘美な響き」が閃くのです。

---

*モテット…中世からルネサンス時代の声楽曲の代表的な形式。13世紀に現れた多声音楽だが、ここでは模倣の手法を中心に作曲されラテン語で歌われる、宗教的多声合唱曲のこと。

マリア様を讃えて

《アヴェ・マリア》は最初の2行を導入として、すべて「アヴェ…」から始まる5つの部分でマリアの生涯—「受胎」「誕生」「お告げ」「純潔」「昇天」—が歌われ、最後にお祈りを唱えて終わります。全部で7つの部分からなるのは、7がマリア信仰にとってゆかりの深い数字だからともいわれます。

《アヴェ・マリア》歌詞

1. 導入
Ave Maria, gratia plena:
Dominus tecum, Virgo serena.

めでたし マリアよ 恩寵に満ちた方
主はあなたとともにいます 清らかな乙女よ

2. 受胎
Ave cuius conceptio, Solemni plena gaudio,
Caelestia, terrestria, Nova replet laetitia.

めでたし その御受胎は 荘厳な喜びに満ち
天地のすべてを 新たな喜びで満たします

3. 誕生
Ave cuius nativitas, Nostra fuit solemnitas.
Ut lucifer lux oriens. Verum solem praeveniens.

あなたの御誕生は わたしたちの祭典
明けの明星のように 太陽に先立ち 昇る光

4. お告げ
Ave pia humilitas, Sine viro foecunditas,
Cuius annunciatio, Nostra fuit salvatio.

めでたし 敬虔なる召令 汚れなきご懐妊よ
そのお告げは わたしたちの救い

5. 純潔
Ave vera virginitas, Immaculata castitas,
Cuius purificatio Nostra fuit purgatio.

めでたし まことの純潔 汚れなき貞節よ
その清らかさは わたしたちのあがない

6. 昇天
Ave praeclara omnibus Angelicis virtutibus,
Cuius fuit assumptio Nostra glorificatio.

めでたし 天使たちに並んで 光り輝く方よ
その昇天は わたしたちの栄光

7. お祈り
O Mater Dei, Memento mei. Amen.

おお 神の御母よ わたしを忘れないでください
アーメン

《アヴェ・マリア》の構成

それぞれの部分をソプラノ（S）、アルト（A）、テノール（T）、バス（B）で表すと、次の図のようになります。

上の2声と下の2声の対話風の書き方が多いのが、この曲の特徴となっています。

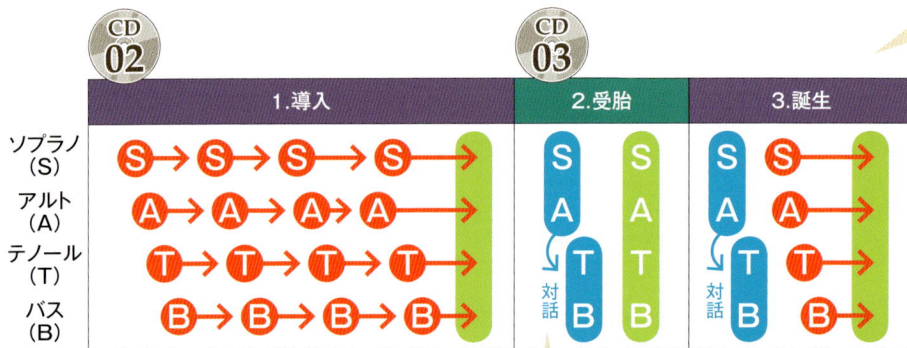

ここでも3度と6度の響きが使われておる

《アヴェ・マリア》～2.受胎 対話的な書法

ソプラノ、アルトとテノール、バスが対話のように歌っているね

受胎

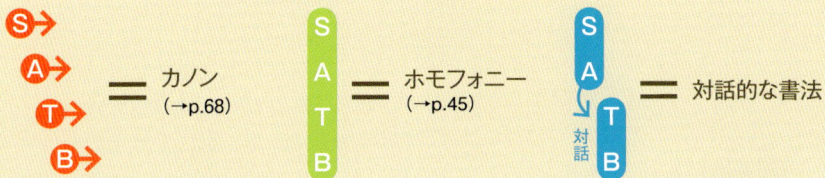

ジョスカンは単調にならないように、曲のなかでさまざまな変化をつけていることがわかります。

S→ A→ T→ B→ ＝ カノン（→p.68）　　SATB ＝ ホモフォニー（→p.45）　　S A 対話 T B ＝ 対話的な書法

CD 04

4.お告げ	5.純潔	6.昇天	7.お祈り
S A 対話 T B　　S A 対話 T B	S A T B	S A 対話 T B　　S A 対話 T B　　S A 対話 T B　　S A 対話 T B	S A T B

誕生

昇天

終止形（カデンツ）

　前ページの表の最後の7の部分は下の譜例のようになります。最後から3番目の和音は「ソ・シ・レ」の和音です（コード・ネームではG）。この和音は「ド・ミ・ソ」（同じくC）へ解決し、音楽を終止させる和音です。第1章でも見たように、この和音進行G→Cを「終止形」（カデンツ）といい、最後の和音に「ミ」はありませんが、現代でも使われている終止法がすでに形成されていることがわかります。

CD 04 `00:10～` 《アヴェ・マリア》～7.お祈り 終結部

(147)

コードネーム　C　C　G　Am　F/A　G　C　C

V ──────→ I

付属CDではF/Aの「ファ」が半音高く「ファ♯」で演奏されていますが、原譜は「ファ」です。

コード・ネームは和音の名前のこと。ドレミファソラシド（CDEFGABC）を基本にして、「ドミソ」は「C」、「ソシレ」は「G」などと表される

　ルネサンス音楽の基本的なスタイルは**ポリフォニー**ですが、カデンツを形成する部分（前ページの表でSATBが縦に重なったところ）は**ホモフォニー**になるのが普通です。安定した和音の響きが必要となるからです。つまり、ルネサンスが発見したのは、**ハーモニーに音楽を終止させるはたらきがあること**だったのです。

　じつはカデンツは1430年代に現れ、1450年頃には一般化していたようです。バッハやモーツァルトなどのクラシック音楽から、現代のポピュラー音楽にいたるハーモニーの基礎が、すでに500年以上も前に開発されていたのです。《アヴェ・マリア》のハーモニーをコード・ネームで示してみましょう。とくに下線部分Am→F→G→Cは（ジョスカンではFが第1転回形*のF/A「ラ・ド・ファ」となっていますが）、ポピュラー音楽の常套的なコード進行でもあります。とくに50年代後半から60年代前半のポップスでそのまま

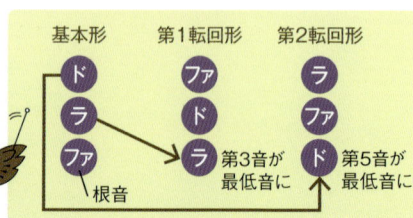

＊和音の基本形の根音以外の音を最低音におくこと。

基本形　　第1転回形　　第2転回形

ド　　　ファ　　　　ラ
ラ　　　ド　　　　ファ
ファ　　ラ　　　　ド

根音　　第3音が最低音に　第5音が最低音に

多用され、《花はどこへ行ったの》(1955) や《スタンド・バイ・ミー》(1961) など、この進行を使用した曲は枚挙にいとまがありません。日本のポップスでは《ルー

ジュの伝言》(1975) などがお馴染みです。ルネサンス音楽が切り開いた道は、西洋音楽史の偉大な時代を築き、まっすぐ現代にまで続いているのです。

カデンツの展開

楽典Column

　音楽の「終わり」には、多くの場合、決まりがあります。たとえばわらべうたでも、旋律を締める「形」があります。西洋では14世紀に終止の定型が確立されましたが、すぐに廃れ、15世紀に新しい終止形が現れたのでした。それはVの和音(「ドミナント」→p.52)がIの和音へ安定的に解決するという終止法です。この終止法は、現在に至るまで、さまざまな音楽で使われ、「カデンツ」といえば、一般的にドミナントによる終止法を指すほどです。最初、カデンツは文字どおり曲の最後にだけ使われました。音楽が完全に終止するためには、VとIの和音は基本形になります。しかし

これらの和音を転回形にすると、終止する力は弱まり、曲の途中でもカデンツを使うことができるようになります。こうしてカデンツの強度を変えながら音楽を繋げていき、交響曲のような大曲も書けるようになったのです。そして和音の形を決定するバスが、特別な重要性を帯びたのでした。
　またドミナントのままで停止したり(「半終止」)、Iに行くと見せかけてVIに進行したり(「偽終止」)、さまざまな文脈上のニュアンスが可能となったのです。こうしてカデンツはまるで文章のように音楽を組み立てることを可能としたのでした。

まとめ

　ジョスカン・デ・プレはもう1曲、4声のモテット《アヴェ・マリア》を遺しました。こちらはグレゴリオ聖歌を定旋律*として用いた楽曲です。モテットとは「ラテン語を歌詞とする宗教曲」ですが、一般的にはグレゴリオ聖歌を引用するのが普通でした。ここで紹介した、より有名な《アヴェ・マリア》は、もはやグレゴリオ聖歌を使っていません。歌詞は純粋に宗教的ですが、音楽は徐々にグレゴリオ聖歌、つまり宗教から離れていく過程が見られます。ルネサンスは音楽が宗教のためのものから、芸術作品へと歩み出す時代でもあったのです。それはちょうどラファエロが描いた《聖母子画》のマリア様が、宗教を超えて、「永遠に母なるもの」の記念碑となったのと同じです。

ラファエロ
『聖母子像–美しき女庭師(聖母子と幼児聖ヨハネ)』
(1507年)

*定旋律…多声音楽の1パートに、既存の旋律を用いること。

中世～ルネサンス

中世の音楽

　中世を代表する音楽は**グレゴリオ聖歌**ですが、これは教会内の音楽ともいえます。教会の外ではさまざまな音楽が鳴り響いていたと考えられます。**トルバドゥール、トルヴェール、ミンネゼンガー**たちが騎士道の華やかな中世文化を歌っていました。また教会では楽器の使用は原則として禁じられていましたが、中世の器楽である**舞曲**も生活の一部だったでしょう。

トルバドゥール
12～13世紀に南フランスで活躍した詩人兼楽人のこと（トルヴェールは同時期に北フランスで活躍した詩人兼楽人）

ミンネゼンガー
12～15世紀にドイツで活躍したミンネザング（愛の歌）を歌う宮廷歌人

グレゴリオ聖歌の改作

　グレゴリオ聖歌は礼拝音楽の聖典ですから、勝手に変えたりすることはできません。ところが、その「してはいけないこと」が起きました。「改作」はふたつの側面で発生しました。まず聖歌の旋律に新たな歌詞を加えたのです（これを**トロープス**といいます）。歌詞は神やキリストを讃える内容で、宗教的な情熱から聖歌に手を加えてしまったようです。また聖歌に別の旋律を重ねたりもしました。**オルガヌム**と呼ばれるこの音楽は**多声化**の第一歩となり、ここから西洋音楽の歴史が動き出すことになります。オルガヌムは11世紀後半からの**ノートルダム楽派**で頂点を迎えます。これは**三位一体**の「3」を表す三分割のリズムに、4度・5度の完全協和音程で鳴り響く音楽で、踊りのような特異な音楽に行き着きました。

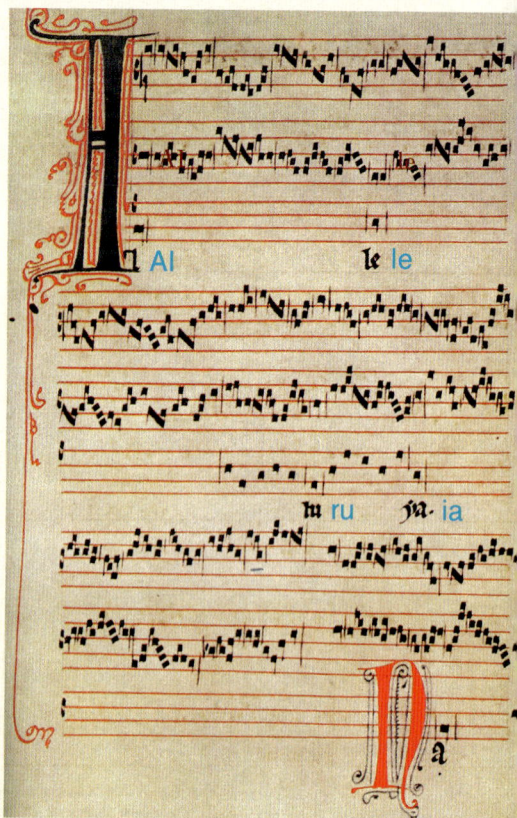
ノートルダム楽派による《3声のオルガヌム》の楽譜（13世紀はじめ）

新しい響き

　楽譜の原理を発明した14世紀の**アルス・ノヴァ**（「新技法」は新しい記譜法の意味）を経由して、西洋音楽史はルネサンスに突入します。1420年代にイギリスから新しい響きがとり入れられ、完全協和音程だけでなく、**3度・6度**の不完全協和音程が響きの基本となるのです。この響きの転換は、暗黒の中世にルネサンスの光が射し込むかのようです。3度の導入は響きを変えただけでなく、**音楽を終止させるドミナントの発見**へ繋がります。今日にまで至る**三和音体系**が確立されたのでした。

ルネサンス時代の作曲家たち

　こうした歴史的発見を遂行したのが、**ギョーム・デュファイ**や**ジル・バンショワ**を中心とする初期ルネサンスの**ブルゴーニュ楽派**でした。続く**フランドル楽派**はその成果を受け継ぎ、ルネサンス音楽を頂点へ導くのです。**ジョスカン・デ・プレ**や**ハインリッヒ・イザーク**らの巨匠の時代です。その後、後期ルネサンスでは、音楽はふたつの方向へ発展します。フランドル楽派の**ポリフォニー技法**を受け継ぎ、宗教音楽の理想を追求した**ジョヴァンニ・ダ・パレストリーナ**と、ポリフォニーを緩めて和声的とし、表現へ傾いた**オルランド・ディ・ラッソ**です。そして後者の流れが、次のバロックへの展開を引き起こすのです。

ブルゴーニュ楽派を代表するギョーム・デュファイ（1397頃-1474）（左）とジル・バンショワ（1400頃-1460）（右）

ジョスカン・デ・プレ
（1440-1521）

ハインリッヒ・イザーク
（1450頃-1517）

ジョヴァンニ・ダ・
パレストリーナ
（1525頃-1594）

オルランド・ディ・ラッソ
（1532頃-1594）

手持ちオルガンを弾く音楽家（15世紀前半）

「声楽」から「器楽」へ
ダイナミックな響きの氾濫
♪ガブリエーリ《ピアノとフォルテのソナタ》

　ルネサンスが頂点を迎えると、1600年頃を境に、時代は新たな段階に入っていきます。重商主義*のもと、時は国王が絶対的な権力を握る時代に向かっていました。教皇が中心となる宗教的世界と、国王が支配する政治的世界は分離され、宮廷では豪華絢爛（けんらん）たる芸術が栄えました。そして人々は自由な感情表現を謳歌（おうか）したのです。バロック時代の到来です。

「バロック」とは？

レンブラント『イサクの犠牲』（1635年）

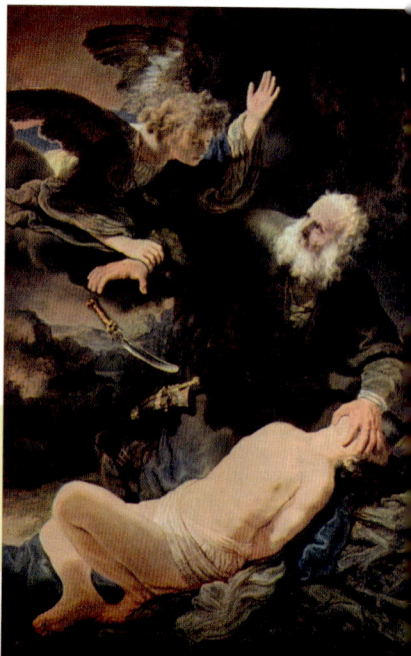

　バロックとは、17世紀から18世紀前半の美術様式をさす言葉で、「いびつな真珠（しんじゅ）」を意味するポルトガル語に由来するといわれています。この時代の美術は、均整よりも不均衡を、調和よりも過剰を、平穏よりも躍動感を特徴としています。右の絵画は、バロックを代表する画家、レンブラントの『イサクの犠牲』です。

　イスラエルの預言者アブラハムが、「一人息子を犠牲に捧（ささ）げよ」という神の命令に従った瞬間をとらえた絵。自分の息子イサクに刃をふりかざそうとしたまさにそのとき、天使が止めに入っている。神はアブラハムの信仰を試したのだった（旧約聖書の『創世記』第22章第10節の場面）

＊重商主義…17～18世紀後半にヨーロッパ諸国がとった経済政策で、貿易保護干渉をすることにより国富を増大させようとする考え方。

レンブラントはこの緊迫した瞬間を劇的に描いており、躍動感あふれる動作と、手からこぼれ落ちる刃がダイナミックに連動しています。そしてイサクを中心に、アブラハムの顔、それに手、さらに天使と光が集中し、場面をドラマティックに演出しています。ルネサンス美術の安定的な構図に代わる別の発想があり、バロックの代表的な芸術が演劇であったこととを想い起こさせます。

バロックという概念は必ずしも否定的なものではなく、ルネサンスの「静」に対する「動」、「均一」に対する「対比」といった志向が強い表現とみなすべきです。バロックという用語は美術のみならず、ほかの諸芸術にも適用されるようになり、音楽でも1600年頃から1750年頃までを「バロック時代」といいます。

器楽化された声楽曲

音楽史上で1600年頃からの新しい動きのひとつは、**器楽**、つまり純粋に楽器のための音楽が登場することです。これまで音楽は、宗教的な歌詞を必要としたため、声楽が絶対的な優位に立っていました。歌詞のない器楽の発展は、宗教からの音楽の自立を促すことになります。

ルネサンス末期から、イタリアのヴェネツィアで、音楽の活発な展開がありました。「**ヴェネツィア楽派**」*とも呼ばれる作曲家たちが輩出したのですが、そのなかにガブリエーリがいました。彼が1597年に発表した宗教曲集《サクラ・シンフォニア》には、2曲の器楽曲が含まれています。そのなかの1曲《ピアノとフォルテのソナタ》を見てみましょう。

CD 05 《ピアノとフォルテのソナタ》

(A群)

ジョヴァンニ・ガブリエーリ
（1554頃-1612）

冒頭部分を聴いてみましょう。各パートの大まかなリズムとなだらかな声部進行（各旋律線の横の流れ、動き方）などは、いかにも声楽的で、声楽曲そのものといえます。これはルネサンスの合唱音楽をそのまま楽器に置き換えたかのようです。このように最初の器楽のひとつは、声楽曲を楽器で演奏しただけの楽曲だったことがわかります（このような楽曲を**カンツォーナ**といいます）。とはいえ《ピアノとフォルテのソナタ》は、音楽史上初めて楽器が指定された楽曲としても知られています。明らかに、器楽への志向があったのです。

*ヴェネツィア楽派…16〜17世紀始めにヴェネツィアで活躍した作曲家たち。バロック音楽への道を開拓していった。

対比の原理

《ピアノとフォルテのソナタ》は声楽曲をほとんど楽器で演奏させただけなのですから、歌詞がなくなった分だけ、曲の面白さは減じてしまいました。そこで作曲家は音楽だけで面白くするための工夫をしました。そのひとつがピアノとフォルテの強弱の対比です。この作品は「小さく piano」（ガブリエーリは「Pian」と記しています）と「大きく forte」の記号が使われた最初期の例として有名です。それはちょうど光と影のドラマティックな対比を描いた、バロック絵画

「ピアノ」と「フォルテ」のコントラスト

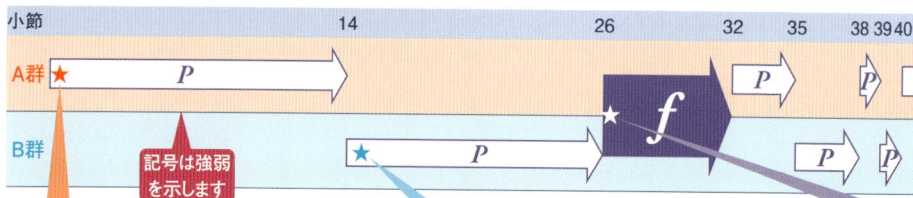

| 小節 | | 14 | | 26 | 32 | 35 | 38 39 40 |

A群 ★ ━ *P* ━→

記号は強弱を示します

B群 ★ ━ *P* ━→ f

CD **05** 00:00〜

A群　ピアノで（弱く）始まり

Pian

CD 00:47〜

B群　それにピアノで応えて

14

Pian

バロック芸術①対比

蘇ったキリストが弟子を訪ねて来ている。はじめキリストと気付かなかった弟子たちがパンを分け祝福する姿から主であると気付き驚く様子が、光と影の激しい対比とともに鮮やかに描かれている。

カラヴァッジョ『エマオの晩餐』（1601-1602年）

と通じるものがあります。音楽でも、音量の差でコントラストをつけるのです。

強弱の対比をつけるために、ガブリエーリは「ピアノ」と「フォルテ」の指示をしただけではありませんでした。じつはこの曲では金管楽器を主体とするオーケストラがふたつ使用されています（A群とB群）。これを利用しない手はありません。ガブリエーリはオーケストラ

の片方のどちらかが演奏するときは「ピアノ」、ふたつが同時に奏するときは「フォルテ」としたのです。

つまり音量の差は音源の数と合理的に結びついていることになります。

> 両者のやりとりを図で表すと、下の図のようになる

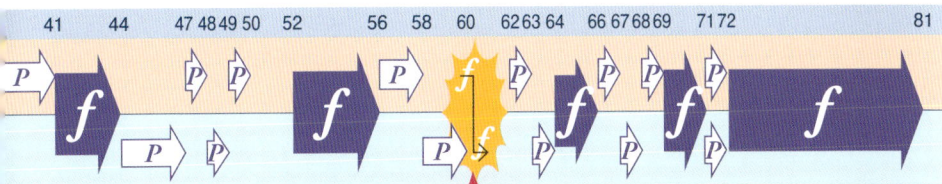

| 41 | 44 | 47 48 49 50 | 52 | 56 | 58 | 60 | 62 63 64 | 66 67 68 69 | 71 72 | 81 |

fのかけ合い

> ピアノとフォルテの交替がだんだん速くなってる！

CD 01:32〜

A群＋B群
一緒にフォルテで（強く）歌う

26

Forte
Forte
Forte
Forte
Forte
Forte
Forte
Forte

バロック芸術②躍動感

アポロンに求愛を迫られたダフネは、その愛を拒絶し、みずからの姿を月桂樹の木へと変える。このギリシャ神話の物語がまさに目の前で起きているようなベルリーニの彫刻。生き生きとした躍動感にあふれている。

ベルリーニ
『アポロンとダフネ』（1622-1625年）
写真提供：イタリア政府観光局（ENIT）

ステレオ効果

オーケストラの交替は整然と同じ間隔でおこなわれるのではありません。音楽の進行とともにだんだんと間隔が狭まり、圧縮され、白熱を帯びるのです。また「両方のオーケストラの総奏でフォルテ」の原則も、1回だけ破られています（前ページ☀の部分）。それぞれのオーケストラがフォルテで応酬しあうのです。ここで「かけ合い」が生じます。ただの規則的な交替に終わらないこうした変化が、曲をさらにドラマティックにしています。この動的な性格はやはりバロック的といえるでしょう。

さらに交替やかけ合いを強化しているもの、つまり《ピアノとフォルテのソナタ》を面白くしているものに、「ステレオ効果」があります。これは、曲が演奏された、ヴェネツィアのサン・マルコ大聖堂の構造に由来するとされています。

ヴェネツィア楽派そのものが、この大聖堂を中心に興ったのでした。というのも、ここには祭壇の両翼に聖歌隊席が設置されており、ふたつの合唱隊をそこに配する二重合唱のスタイルが生まれていたのでした。ガブリエーリは合唱隊の代わりにオーケストラを置いたのです。ふたつの音源がもたらす効果と可能性を最大限に利用しようとしたのは明らかです。こうして、ドームの空間に左右から音響が飛び交い、立体的で、広がりのあるサウンドがもたらされることになります。まさにステレオ効果満点です。

ヴェネツィアのサン・マルコ大聖堂

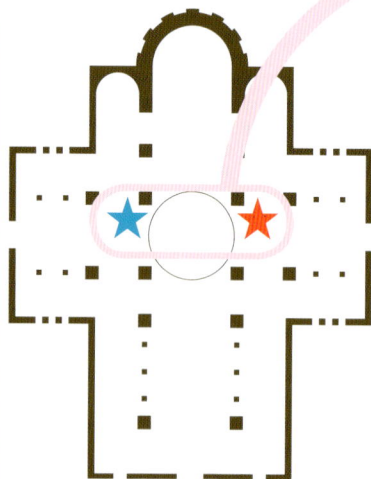

サン・マルコ大聖堂の平面図
ビザンティン建築を代表する建築物で、830年頃に作られ、11世紀に再建された。祭壇に向かう両翼にそれぞれ聖歌隊席（★★）とオルガンが置かれていた。右ページの絵は大きな聖歌の本を見る歌手たち

サン・マルコ大聖堂　内部の様子

┤ まとめ ├

　歌詞をもたない器楽がみずからの道を歩み始めたとき、必然的に、音楽それ自体の面白さを追求しなければなりませんでした。その回答のひとつが《ピアノとフォルテのソナタ》だったのです。ピアノとフォルテのコントラスト、それにふたつのオーケストラの交替やかけ合いが演じるドラマティックな展開。この新しい音楽は、変化とダイナミズムを求めるバロック的な志向の、音楽的表現でもありました。そこに器楽の可能性が広がるのです。

ヒロインの悲しみが心を打つ
感情を表現する音楽
♪ パーセル　オペラ《ディドとエネアス》

　バロック時代は、前のルネサンス期のように、音楽に「美しい響き」を求めただけではありませんでした。人間の感情の「表現」を求めたのです。この時代の芸術が動的な性格を帯び、インパクトの強い表出力をもつ傾向にあったのは、感情を呼び起こすことを暗黙の目的としていたからでしょう。事実、哲学者デカルトは、音楽の目的を「われわれのうちにさまざまな感情を引き起こすこと」と定義づけたのでした。

ソプラノ歌手を囲み演奏する音楽家たち

感情表現のための音楽

　音楽はそれまでイエス・キリストやマリア様を讃える内容を歌っていましたが、ルネサンスも後期になると、恋愛の歌が数多くなります。この頃の代表的なジャンルはマドリガーレでしたが、もはやモテット（→p.68）のような宗教的内容のラテン語の歌詞ではなく、イタリア語で、たとえば次のように歌われました。

つれないアマリッリ ああ その名は
愛の苦さを教えてくれる
アマリッリ 真っ白なイボタノキの
花より ずっと白くて 美しいのに
耳の聞こえない毒蛇より つれなく
残忍で とらえがたい人
話しかけても あなたの気を悪く
させるだけ
わたしは黙って死ぬだろう…

Cruda Amarilli!
（アマリッリ、つれない人！）

モンテヴェルディ作曲マドリガーレ集第5巻（1605）の第1曲《つれないアマリッリ》です。モンテヴェルディはルネサンス期とバロック期の曲がり角に立つ革命児ですが、この曲は伝統的な立場から攻撃の的となりました。旋律を重ね合わせるにはさまざまな約束事があり、ルネサンス音楽の明るく澄んだ響きはその結果だったのです。ところがモンテヴェルディはそうした規則を無視していると非難されたのです。これに対して、作曲者の側からは、ルネサンスの音楽理論はもはや遵守すべきではないとされ、次のような主張がなされました。

> 歌詞が主人なのであり、音楽は歌詞に仕える従順な侍女である

モンテヴェルディ（1567-1643）

かつて**グレゴリオ聖歌**こそは歌詞が最重要である音楽でした。その後、ルネサンス時代には**ポリフォニー**化されて音楽が優位に立ってしまっていました。バ

ロックではもう一度、歌詞へと立ち返るのですが、もはや宗教的な意味ではなく、**感情を歌い上げるため**です。そして**モノフォニー**に戻ることもできず、独自のスタイルが必要となるのです。

時代とともに変化する音楽の形

（45ページも参照）

グレゴリオ聖歌（中世）
（→p.58）

歌詞が一番大事
（一本の旋律）
モノフォニー

ルネサンス時代
（→p.66）

音楽が優位に
（複数の旋律）
ポリフォニー

バロック時代

歌詞（＝人間の感情を表すもの）が優位に
（自由な旋律＋通奏低音）
独自のスタイルへ

歌詞の感情を表すには？

マドリガーレはルネサンスのポリフォニーを引き継ぐ五声の重唱曲ですが、感情表現のためには、必ずしもふさわしい楽曲とはいえませんでした。歌詞の感情を描くには、**「言葉に合った旋律」**が必要となります。ところがポリフォニーのスタイルだと、旋律の動きにかなりの制約が生じてしまうからです。それぞれの声部が自由に動きながら同時進行するのは、非常な困難を伴うのです。そこで感情表

現のためにふさわしいスタイルが現れました。これが**通奏低音様式**です。

マドリガーレ（五声）

音楽のまとまりを優先すると、ひとつひとつの声部は歌詞の感情を充分に表現できない

「通奏低音」の誕生

まず必要となるのは、言葉に合った旋律です。そこで、もっぱら感情を表現するための自由な旋律が優先します。そして低音の声部を欠かすことはできません。**低音は和音を支え、音楽を安定化したり不安定化したり、あるいは必要な文節化をおこなう重要なパート**だからです。ただし響きが貧弱にならないように、低音のパートに和音をつけました。この和音付き低音を「**通奏低音**」といいます。旋律の動きの制約となるようなほかのパートは和音となったのです。

通奏低音様式はルネサンスのポリフォニーを旋律と低音に解体し、残りの声部を和音とした様式といえます。

こうして通奏低音様式は「歌詞の感情を表現する旋律」＋「和音付き低音」の2声のスタイルとなります。こうした独唱曲を「**モノディ**」といいます。低音の上にあるべき和音のパートは楽譜には書かれておらず、必要な場合はバスの音符に**数字**をつけて示しました*。通奏低音は楽譜上では1パートですが、演奏者は通常、低音線を弾く奏者（チェロなどの低音の旋律楽器）と、和音をつける奏者（チェンバロなどの複数の音が出せる楽器）の2人が必要となります。

伴奏付きモノディのもっとも古い例としても知られる
ペーリの《エウリディーチェ》より《プロローグ》

モンテヴェルディ《アリアンナの嘆き》の比較

◆マドリガーレ

◆モノディ

ひとつの旋律だから、歌詞も気持ちもよく伝わる！

通奏低音は最初、声楽のためのスタイルだったが、やがて器楽をも含めたバロック時代全体の様式となったのじゃ

＊このため通奏低音は「**数字付き通奏低音**」ということがある。

オペラの誕生

モンテヴェルディは伝統的な作曲法を「第1作法」、新しい感情表現を目指す作曲法を「第2作法」と呼びました。これは宗教音楽と世俗音楽のスタイルが分裂したことを意味しています。ちょうど国王による政治支配と、教皇の宗教上の権限が明確に分離した時代を象徴しています。

そして第2作法が行き着いた究極のジャンルがオペラでした。史上初のオペラはペーリが1597年頃に作曲した《ダフネ》だといわれています。しかしほとんど消失しており、現存する最古のオペラは1607年のモンテヴェルディによる《オルフェオ》となります。続く1608年、さらにモンテヴェルディの《アリアンナ》が上演されています。しかしこのオペラも失われ、ただ《アリアンナの嘆き》の楽譜だけが遺されました（マドリガーレ版は作曲者自身によって編曲され、6年後に出版されています）。当時の聴衆の涙を誘ったという名モノディです。

モンテヴェルディの作品はオペラが観て、楽しむことができるジャンルであるということを証明してみせた画期的な作品でした。

モンテヴェルディ
《オルフェオ》のタイトルページ
（1609年、ヴェネツィア）

以後、その歴史は現在まで続いておる

1570年代からフィレンツェのバルディ伯宮廷で「カメラータ」というグループが音楽劇を作り始めました。当時は古代ギリシャ劇の復興を目的としていましたが、これがオペラの始まりといわれています。

リュリのオペラ《アルミード》の上演の様子
（1761年、パレ・ロワイヤル）

バルガーリの喜劇《巡礼の女》より第1のインテルメーディオ（幕間劇）。1589年のメディチ家の婚礼の際に上演されたもので、オペラの成立に重要な役割を果たした

85

オペラ《ディドとエネアス》

　パーセルは中期バロックを代表するイギリスの作曲家です。彼の唯一のオペラ《ディドとエネアス》(1689)は上演時間約1時間と短いながら、モンテヴェルディとモーツァルトの傑作オペラの中継点に位置づけられる名作です。ストーリーは古代ローマの詩人ウェルギリウスの叙事詩に基づき、トロイの王子エネアスとカルタゴの女王ディドの悲恋を題材にしています。

パーセル(1659-1695)

あらすじ

　カルタゴに漂着したエネアスに想いを抱くようになったディド。地上の愛と神の愛の間で悩むディドに、エネアスも恋心を告白し、ふたりの愛は揺るぎないものとなります。ところがふたりの関係をよく思わない魔法使いは、エネアスをだまして、カルタゴを離れるように仕向け、ディドを失意へと追い込みます。エネアスを旅立たせたディドは、「わたしを忘れないで」といい遺(のこ)して、みずから命を絶つのでした。

ディド　　エネアス

　全3幕のオペラのなかで、パーセルはヒロイン、ディドのための名アリアを2曲書きました。いずれも**グラウンド・バス**(曲中に何度も反復される低音)をもつ**アリア***で、バロックの感情表現の典型ともいえる音楽です。ここでは終幕で歌われるもっとも有名なディドのアリアをとりあげてみましょう。

ブールドン『ディドの死』
(1637年頃)

*アリア…オペラのなかの「歌」の部分で、心情をたっぷりと吐露する叙情的で旋律的な箇所。

ディドのアリア《わたしが土のなかに横たえられるとき》歌詞

When I am laid in earth,	わたしが土のなかに横たえられるとき
may my wrongs create	わたしのあやまちが
No trouble in thy breast.	あなたの心を悩ますことがないように
Remember me!	わたしを忘れないで！
but ah! forget my fate.	でも ああ わたしの運命は忘れて

(詩：ナハム・テイト)

CD 06 ディドのアリア《わたしが土のなかに横たえられるとき》

イントロ

グラウンド・バス

When I am laid, am laid in earth, may my wrongs cre - ate No

trou - ble, no trou - ble in thy breast. 1. When I am 2. Re - mem-ber me !

re - mem-ber me ! but ah ! for-get my fate, re -

mem-ber me ! but ah ! for - get my fate. Re - fate.

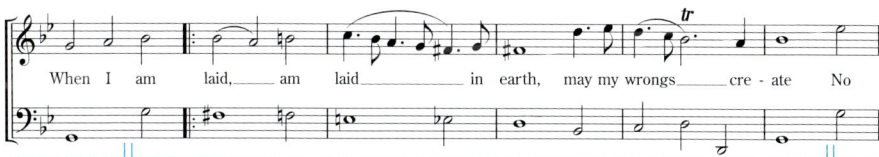

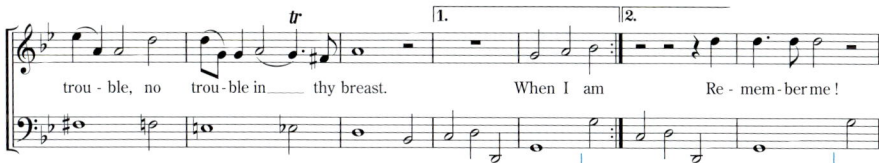

わぁ！ とてもドラマティックな歌！

ヒロインの感情を表現するしかけ

ヒロインの感情を表現するためのさまざまなしかけを見てみましょう。

1 悲しみの低音

まずイントロで出る低音のパートは、このままの形で11回反復されます。1回目が前奏、11回目が後奏となります。この「基礎低音」は、執拗に反復することから「固執低音」といったりもしますが、

重要なのは、ここでは「ソ」から**半音階で下行**していることです。この低音をとくに**「悲しみの低音 lamento bass」**といいます。悲しみを表現するためのバスなのです。

CD 06 00:00〜 グラウンド・バス

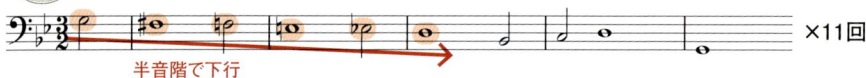

半音階で下行　　　　　　　　　　　　×11回

2 音型論

感情表現、あるいは歌詞の音楽的表現のための決まりはまだあります。たとえば「わたしが横たえられる」の「横たえる laid」のところの旋律は、必ず「横たわる」ように下行しています。このように旋律は**歌詞が見えるように**、作曲されているのです。

歌詞から喚起されるイメージを音の形で表わそうというバロックの議論を**「音型論」**といいます。音型論の例はほかにもあります。この曲では弦楽器も重要な役割を果たしています。とくに後半部、第1ヴァイオリンでは2度下行する音型が目立ちます（第19小節以下）。小節の頭の強拍から弱拍にかけて、スラーがかかったりもしています。これは**「ため息の音型」**と呼ばれました。つまりため息を模倣する音の形であり、息をふっと吐くように演奏されるのです。ここでは「忘れないで remember me」と歌われる旋律が**「沈黙の手法」**によって断ち切られると、そ

の間にヴァイオリンが「ため息」をつきます。そして後奏は折り重なる「ため息」のうちに消えていくのです。

① laid
CD 00:18〜

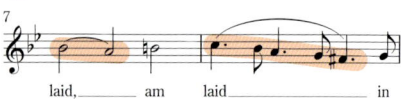

laid,　　　　am　laid　　　　　　　in

② ため息（ヴァイオリン）
CD 01:35〜

スラー

後奏 **CD** 03:13〜

歌詞を音の形で表しているのね

3 不協和音

右の譜例を見てください。「わたしのあやまち」の「あやまち wrongs」の音は「レ」ですが、これは第1ヴァイオリンの「ミ♭」と鋭くぶつかっています。いわゆる**不協和音**です。ここで和音の響きは軋むような音となり、「あやまち」の表現としています。

同じことは「あなたの心を悩ますことがないように」の「悩み trouble」でもいえます。先ほどの「あやまち」ほどではありませんが、不協和な和音が用いられています。とくに1回目（第12小節）は**減七の和音**という、独自の苦渋に満ちた響きであり、言葉から誘発された書き方です。

さらに「わたしの運命は忘れて」の「忘れて forget」にもっとも強い不協和音が置かれています。これはヒロインの「心の痛み」の表現であり、彼女の言葉を痛切な願いとしています。

以上のようなさまざまなしかけを使って、パーセルは死に行くヒロインの胸のうちを描こうとしています。しかも全曲を一貫して「悲しみの低音」が反復され

① wrongs CD 00:29～

歌の旋律

第1ヴァイオリン

うわぁ

② trouble CD 00:37～

trou - ble,

減七の和音

③ forget CD 01:52～

for-get

強い不協和音

るため、この悲しみからは決して逃れられないという宿命が色濃く影を落とすのです。まさにバロックが目指した感情表現の、究極の具現といえるでしょう。

⊸ まとめ ⊶

バロック時代は感情表現のために、音楽のさまざまな要素を「合理化」した時代でした。とくにさまざまな議論のもとになる考え方に「情緒論」があります。これは「ひとつの楽曲はひとつの情念を描く」という説であり、描き出された情念が、聴き手のなかに感情を引き起こすというのです。重要なのは、この理論によって描き出された「悲しみ」が悲しいかどうかということより、感情を表現するための方法があったということです。そして作曲家はそれに従って作曲したということなのです。時代の根底に流れていたのは「わたしとは感情である」という人間理解だったのです。

第2章 *Part 2* バロックの音楽②

89

楽器が拓いた音楽の新たな可能性
「協奏曲」の誕生
♪ ヴィヴァルディ ヴァイオリン協奏曲《四季》より《春》

声楽曲から器楽曲が独立していく過程に《ピアノとフォルテのソナタ》（→p.76）がありました。それは器楽が独自の面白さを追求し出した例といえます。時代はバロック最初期でした。そこでの創意をいっそう推し進め、さらに新しいアイディアを盛り込むと、「協奏曲（コンチェルト）」に行き着くことになります。そして協奏曲はバロックを代表する器楽となるのです。それはどのような道をたどったのでしょう。

ある貴族の館での音楽会（1741年頃）

協奏曲への道

ガブリエーリの《ピアノとフォルテのソナタ》は、合唱音楽がもっていた可能性を、楽器によって、表面化させた試みといえるでしょう。つまりピアノとフォルテの「対比」、音源の「交替」や「かけ合い」などを意識的、かつ効果的に用いるのです。これらのやり方をいっそう強化すると、協奏曲へと発展します。

「交替」や「かけ合い」の効果を出すために、《ピアノとフォルテのソナタ》では、オーケストラをふたつ配置していました。どちらか、あるいは両方が奏したわけですが、このやりとりをいっそうコントラスト豊かに、多彩にするには、ふたつの音源に大小の差をつければいいことになります。

つまり「大きな」オーケストラ（コンチェルト・グロッソ、もしくはリピエーノ）と、「小さな」ソロ楽器群（コンチェルティーノ）とするのです。そうすると、交替で演奏するだけで、すでに音量の差が出るからです。「ソロだけ」「オーケストラだけ」「ソロ＋オーケストラ」といった音量・音色のヴァラエティも生まれます。

これらの楽器群のそれぞれに通奏低音をつけると、「合奏協奏曲」*となります。

しかし合奏協奏曲では通奏低音（→p.84）がふたつ必要となります。明らかに音源を独立させようという発想がまだ強いのですが、ソロをオーケストラのなかの楽器とすれば、通奏低音を共通とすることができます。これが「独奏協奏曲」です。後期バロックではこの形が主流になります。なお独奏協奏曲の形態では、ソロ楽器は複数も可能で、ソロの楽器名をあげて、「ふたつのヴァイオリンのための協奏曲」といったりします。

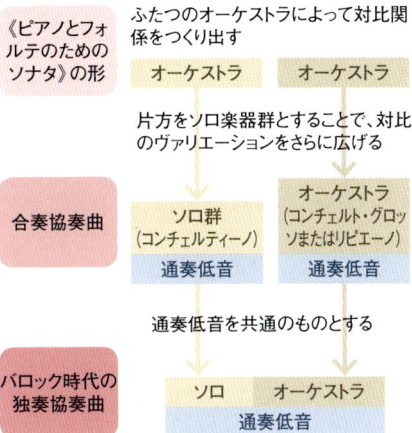

《ピアノとフォルテのためのソナタ》の形
ふたつのオーケストラによって対比関係をつくり出す

| オーケストラ | オーケストラ |

片方をソロ楽器群とすることで、対比のヴァリエーションをさらに広げる

合奏協奏曲

| ソロ群（コンチェルティーノ） | オーケストラ（コンチェルト・グロッソまたはリピエーノ） |
| 通奏低音 | 通奏低音 |

通奏低音を共通のものとする

バロック時代の独奏協奏曲

| ソロ | オーケストラ |
| 通奏低音 | |

楽器の語法

しかし器楽が独自の面白さを発揮するには、絶対に欠かせない要素があったのです。楽器の語法です。

《ピアノとフォルテのソナタ》のように、声楽のパートをそのまま楽器で演奏していたのでは、声楽曲の域を脱することができません。ところが声楽にはとうていできないことが、楽器では可能なのです。とくにバロック中期ともなると、楽器の整備が進み、ヴァイオリンなどの弦楽器が完成します。弦楽器では、急速なスケールやアルペッジョ、それに音程の幅広い跳躍、同音の素早い反復など、およそ声楽には不可能なパッセージを楽にこなすことができます。楽器は音程が安定してもいるので、強力なアンサンブルが可能ともなります。そして楽器の輝かしい名人芸は、声の魅力や歌詞の表現に劣らず、音楽の大きな聴かせどころとなるのです。

楽器の語法の例（ヴィヴァルディ《四季》〜《春》より）

スケール
音階を下から、または上からすべて弾く

アルペッジョ（分散和音）
和音をばらばらに分散して弾く

音程の跳躍
音程が離れた音を弾く

同音の反復
同じ音を素早く繰り返して弾く

楽器なら、こんなことができる！

*コレッリの《合奏協奏曲集》作品6（1714）などが典型的な例。

91

リトルネッロ形式

ソロとオーケストラという音源が整理され、そこに楽器の語法がもち込まれると、必然的に協奏曲へたどり着くことになります。

とはいえ、さらに解決すべき問題が残されていました。じつは声楽が器楽化されたとき、歌詞が消えたことから、大問題が発生していたのでした。もとになった声楽曲、たとえばジョスカンの《アヴェ・マリア》（→p.66）などを思い浮かべてみましょう。歌詞が変わっていくにつれて、旋律もどんどん変化し、全体が一続きの音楽となっています。これは歌詞が変わるという理由で納得できます。ところが歌詞がなくなるや、何の必然もないどころか、非常に聴きにくい音楽となるのです。反復する要素がまったくないからです。これは無形式でしかありません。図示すると、こうなります。

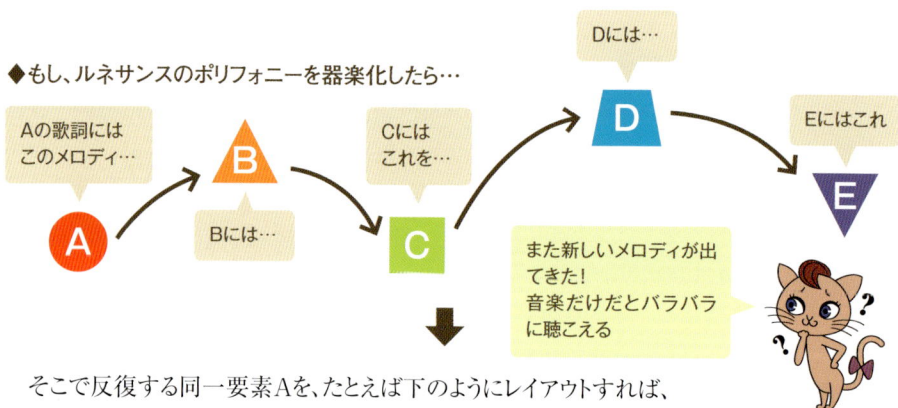

◆もし、ルネサンスのポリフォニーを器楽化したら…

Aの歌詞にはこのメロディ…

A

B

Bには…

Cにはこれを…

C

Dには…

D

Eにはこれ

E

また新しいメロディが出てきた！
音楽だけだとバラバラに聴こえる

そこで反復する同一要素Aを、たとえば下のようにレイアウトすれば、音楽のまとまりがよくなり、聴きやすくなります。

A → B → A → C → A

Aはさっきも出てきたなあ
曲としての統一感があるね

これは**音楽形式の発生**を意味します。音楽の器楽化は音楽形式を生んだのです。

Aはそのままただ繰り返すのではなく、その一部だけを反復するなど、さまざまな工夫がなされています。しかしAが何度も現れると、聴いていて飽きてしまう

ことも考えられます。そこでバロック後期ともなると、同じAでも「調を変える」（たとえば長調から短調へ）という工夫がされるようになりました。調性の変化によって音楽自体を変えることなく、音楽の性格を変えることができます（たとえば同じ人の顔が明るかったり、暗かっ

たりという風に）。そのため、何度も繰り返しても飽きることなく、「多様性の統一」がもたらされることになるのです。この形式を「リトルネッロ形式」といいます。器楽化から生じた音楽形式の、究極のバロック的回答が、リトルネッロ形式だったのです。

調性① 長調と短調 　楽典Column

曲が「終わった」と感じられる和音にはふたつの種類があります。「明るい」長三和音（メジャー・コード）と「暗い」短三和音（マイナー・コード）です。伝統的には長三和音こそが完全な終結和音であるという考え方があり、バッハなどは短調の曲でも最後は長三和音で終わります（これを「ピカルディの3度」といいます）。しかし、とりあえず、長三和音と短三和音だけが終止和音となりうるとしたら、これらを主和音とする「明るい」長調と「暗い」短調という2種類の調子が想定されます。

じつはハーモニーがない時代は長調と短調以外の調子が存在していました。すでに教会旋法のコラムで見たように（→p.65）、ドリア旋法による「ドリア調」やフリギア旋法による「フリギア調」、それに「リディア調」や、「ミクソリディア調」です。たとえばリディア調は長調の第4音（ハ長調でファ）が半音上がった調子で、長音階より明るく、「とんがった」響きですが、旋律だけでその音調を感じとっていた時代があったのです。しかし旋律に和音がつくようになると、旋法が何種類あろうと、終止和音となりうるのは長三和音と短三和音の2種類しかありませ

ん。やがて教会旋法が廃れ、長音階と短音階の2種類に収斂していった歴史の必然はここにあります。それは音楽のハーモニー化と「平行」、あるいは「連動」していた流れだったのです。

長調と短調の支配は後期バロックからロマン派までの約300年間続きます。調が何調であっても、音階の「種類」としては、長調と短調の2種類しかないのです。この選択肢の少なさは、転調の多彩さによって補われました。たとえばハ長調からト長調へ、あるいはヘ長調へ、またあるいはイ長調へ、さらにはハ短調へというふうに、向かうのは長か短しかないのですが、度数を変えることによって、変化の選択肢が増えるのです。

ロマン派になると、長調に短調を織り交ぜるような和声法を駆使して、ロマンティックな響きを醸し出しました。そして近代ともなると、教会旋法的な発想がもちこまれることになったのです。たとえば「リディア調」なら、ハ長調のファをシャープにするのです。しかしそれは曲の途中であって、終止する和音はやはり基本的に長三和音となるのです。長調と短調は曲の最終和音に生き続けることになります。

規則と自由の戯れ～ヴィヴァルディの《四季》

　通称《四季》の名で呼ばれる協奏曲集は、ヴィヴァルディの《和声と創意への試み》作品8の第1曲から第4曲までをさします。刊行されたのは1725年。《四季》にはそれぞれの楽章にソネット（14行詩）が付されていて、作曲にインスピレーションを与えています。しかし詩の描写だけで音楽が成立しているわけではありません。リトルネッロ形式が採用されているのです。《春》の第1楽章を見てみましょう。

《春》第1楽章の流れ

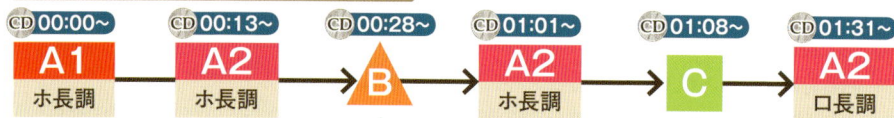

CD 00:00～	CD 00:13～	CD 00:28～	CD 01:01～	CD 01:08～	CD 01:31～
A1 ホ長調	**A2** ホ長調	**B**	**A2** ホ長調	**C**	**A2** ロ長調

春がやってきた

小鳥たちは喜び
さえずりながら春を迎え

泉はそよ風に誘われて
甘いせせらぎの音を奏でる

これが全曲を通して
繰り返されるのじゃ

CD 07 00:00～ A1

Allegro

CD 00:13～ A2

(6)　tr

対

ソネットにあわせたそれ
ぞれの旋律を楽しもう！

対
比

CD 00:28～ B

(13)　ソロ

CD 01:08～ C

31　ソロ

Aにはふたつの旋律 **A1** と **A2** があり ますが、ヴィヴァルディはそのどちらか を7回登場させています。7回というの は、聴き手を飽きさせてしまう恐れが多 分にあります。そのため、ふたつある主 題のどちらかを出すこととし、曲の途中 では、3小節程度に切りつめ、曲の流れ をさまたげないようにしています。そし て5回目と6回目は嬰ハ短調としていま す。こうして、最初の楽想が7回も循環 しているとは気づかせず、しかし要所要 所では音楽の起点が確認できるのです。 不変のものと変化するものが交替するな かで、規則と自由が戯れ合うのです。

黒い雲が空に現れ、稲妻が光り 雷鳴が春の訪れを告げる

嵐は去り、小鳥は再び さわやかに歌い出す

最初のふたつのメ ロディが、曲全体 の統一感をもたら しているのね！

D CD 01:38〜

A2 嬰ハ短調 CD 02:04〜

E CD 02:11〜

A1 嬰ハ短調 CD 02:28〜

F CD 02:38〜

A2 ホ長調 CD 02:52〜

楽器の語法が いっぱい使われ てる！

CD 01:38〜 **D**

ソロ

跳躍　　　　同音連打　　　　スケール
44

CD 02:11〜 **E**

ソロ
59

比

CD 02:38〜 **F**

ソロ
(70)

ヴィヴァルディ
（1678–1741）

□ **まとめ** □

《四季》では、反復されるAは基本的に リピエーノ（オーケストラ）で奏される の に対して、B〜Fはソロ・ヴァイオリンが 活躍する場となります。つまりリトル ネッロ形式の構図のなかに、対比の原理 が織り込まれているのです。ソロが華々 しいテクニックを誇らしげに示し、楽器 の魅力を振りまくのはいうまでもありま せん。確認しておきましょう。「対比、およ び交替とかけ合いの原理」、「楽器の語 法」、そして「音楽形式」──こうした要 素をまとめあわせて完成したのが協奏曲 でした。それはバロックを代表するオー ケストラ音楽となったのです。

西洋音楽の最高峰
「フーガ」のしくみを解剖
♪バッハ《小フーガ ト短調》

　ジョスカンの《アヴェ・マリア》(→ p.66)冒頭のカノンは、バロック時代にはいっそう高度に練り上げられ、「フーガ」へと発展しました。フーガはもっとも技巧を凝らした高度な音楽形式として、また伝統的で、権威ある書法として、続く時代もさまざまな楽曲のなかで用いられました。

オルガンを
弾くバッハ

カノンから「フーガ」へ

　ルネサンスの声楽曲におけるカノンは「同度」か「1オクターヴ」の音程で旋律を模倣するというものでした。しかしすべての声部が「同度」で、つまり同じ高さで模倣することはできません。ソプラノ、アルト、テノール、バスのそれぞ

れに音域があるからです。またオクターヴの間隔で模倣すると、たとえば《アヴェ・マリア》のようにソプラノが第2線の「ソ」で歌い出すと、3声目から音域をはみ出してしまいます。つまりテノール以下が歌えなくなるのです。そこでジョスカンの《アヴェ・マリア》では、アルトとテノールは同度、ほかはオクターヴとしたのです。しかし、すべての声部が一定の高さを隔てて出るのがベストでしょう。

《アヴェ・マリア》より

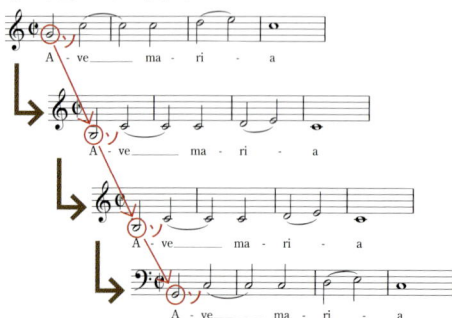

4声の音域

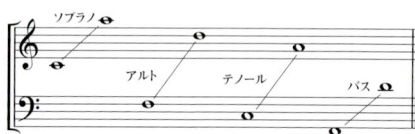

96

　ここでバッハの《小フーガ ト短調》を見てみましょう。最初ソプラノの旋律（「主題」ともいいます）は《アヴェ・マリア》と同じく「ソ」から出ますが、アルトでは4度下の「レ」から模倣しています。その次にテノールはその5度下、つまりソプラノから1オクターヴ下で主題を出すのです。そして最後にバスはテノールの4度下です。もともと4声体の各声部の音域は、ソプラノから5度か4度下へスライドしているのです。こうしてフーガではそれぞれの声部にぴったり合った音域で主題を出すことができることになったのです。

バッハ
（1685-1750）

CD 08 00:00〜《小フーガ ト短調》

ソプラノ（主題）

4度下 ↓

CD 00:18〜
6 アルト

最初のソプラノの旋律が、4度下に下がっているね

5度下 ↓

CD 00:42〜
(12) テノール

今度はアルトの5度下からだ！

4度下 ↓

CD 01:00〜
(17) バス

バスはテノールの4度下になっておる

　ただしそのためにはある工夫が必要でした。「ソ」から始めた主題を「レ」から出すには、「転調」（→p.99）が必要となるのです。この場合、ト短調からニ短調へ、すなわち「属調」への転調です。転調の技法が整備されたのはバロック期であり、転調とともに、ルネサンスの通模倣様式（→p.68）は、無理なく、合理的に展開できるようになったのでした。こうして完成した楽曲を「転調フーガ」ということがあります。一般的にいう「フーガ」とは、基本的に、転調フーガをさします。

属調へ転調するのだ

ト短調
ソ

ニ短調
レ

フーガのダイナミズム

ところでフーガの一番スリリングなところはどこでしょうか。少なくとも、最初の主題が提示されて、2声部目がそれに絡みつくところは、フーガの最大の聴きどころのひとつといっていいでしょう。すでに見たように、そのとき、**主題は属調（5度上か4度下の調）へ転調**します。この転調は**緊張を伴い**ます。転調は単に声部の音高を移動させるだけでなく、**音楽に高揚や落ち着きといった性格をもたらす**のです。その結果、2声目の入りは

息づまるような緊迫感を湛えることになります。

3声目は再び主調*へ戻ります。今度は5度下へ転調するとともに、音楽は弛緩の方向をたどることになります。転調という技法は声部の配置を合理化するだけでなく、音楽の流れに緊張と弛緩の波をもたらすのです。ルネサンス音楽のあの静的な声部の織りなしはここにはなく、フーガは転調がもたらすダイナミズムに息づいているのです。

1声目

主 調
ト短調

CD 08 00:00〜 《小フーガ ト短調》

ソプラノ（主題）

緊張！

2声目

属 調
ニ短調

CD 00:18〜

6 アルト

ホッ

3声目

主 調
ト短調

CD 00:42〜

(12) テノール

転調すると、緊張したり、ホッとしたり、忙しいわい！

緊張！

4声目

属 調
ニ短調

CD 01:00〜

(17) バス

＊主調…その曲の中心となる調のこと。ここではト短調。

調性② 音楽のシステム

　無調音楽でない限り、すべての音楽には「調性」があるといえます。「調性がある」ということは、ひとことでいえば、その音楽に「調子がある」ということです。ある地方、ある民族、あるジャンルなど、それぞれの音楽を特徴づける固有の調子です。この調子は核となる音とシステムによって決定されます。音楽を構成するどんな音にも、ある種のルールがあるということですが、その支配の強さにはさまざまなレヴェルがあります。そしてシステムの支配力のもっとも強いのが、西洋音楽です。

　その理由は、西洋音楽、少なくともバロック後期からロマン派までの「調性音楽」（基本的に今日のポピュラー音楽の土台ともなっている音楽）では、和音によって調性が確定されているからです。

　長調を例にとると、ド・レ・ミ・ファ・ソ・ラ・シの音階に基づき、第1音「ド」は「主音」（英：tonic）つまりこのシステムの核となる音です。第5音「ソ」は「属音」（英：dominant）といい、システムを支配する音となります（dominant は支配的なという意味）。そして第4音「ファ」は「下属音」（英：subdominant）といい、トニック、ドミナントのどちらにも属さない第三の極となります。このように、それぞれの音は音階のなかでの役割、機能がきわめて明確であり、さらに和音を形成することにより、機能は決定的となります。つまり「ド」の上の三和音「ド・ミ・ソ」（主和音）は曲の土台、ホームとなる響きであり、「ソ」の上の「ソ・シ・レ」（属和音）は主和音へ進行することによって、主調を確定する非常に重要な和音となります。音階上の各和

音はそれぞれ明快に機能づけられ、システムのなかで位置づけられます。つまり西洋音楽で調性が強いというのは、和音によってきわめて堅固なシステム化が達成されたからなのです。

　ここでいうシステムとは、いわば家族のようなもので、主人「ド」と事実上の実権を握る妻「ソ」、さらにさまざまな、しかし明確な役割があてられた子供や親族によるそのほかの音からなるファミリーにたとえられます。主人「ド」の音名が「ハ」だと、ハ長調ということになります（7人家族の主人の名からたとえば「佐藤さん」といわれるように）。それに対して、システムのなかの音の関係性はそのままで、つまり家族構成とそれぞれの役割はそのままで主人を変えることができます。たとえば「ソ」にすると、その音名「ト」から「ト長調」となります（「鈴木さん」になるように）。このように主音をとり換えることを「転調」といいます。

　転調には主調との関係の強さによってさまざまな段階があります。たとえば主調をハ長調とすると、関係の深いト長調やヘ長調は「近親調」（→p.136）、関係が薄い調は「遠隔調」と呼ばれます。しかし、こうした転調が可能なのも、調性音楽におけるシステムが明確だからなのです。

音階の音や和音にはそれぞれ役割があったのね！

《小フーガ ト短調》のしくみ

前ページで見たバッハの《小フーガ ト短調》の続く部分を検証してみましょう。

フーガの最初の部分、すなわち4声のフーガなら4つの声部が出そろう部分（「主題提示部」ともいいます）が完成しました。ではその後はどのように展開すればいいのでしょうか。

曲は次のように構成されています。

分析してみよう！

主題が現れるのは6つの部分です（**A1** 〜 **A6**）。すでに見たように最初の提示部 **A1** では主題は4回続けて出ますが、**A2** 〜 **A6** ではソプラノ、アルト、テノール、バスのどこかの声部で主題が奏されます。

これらの部分 **A** に対して、音楽が主題から離れ、パッセージ*的な部分へ流れ込んでいくのが **B** 〜 **E** です。両者はロンド**的に交替します。つまり、フーガとは、主題部分と非主題的な部分が交替する形式となります。これはヴィヴァルディの《春》第1楽章（→p.94）で見た図式と完全に一致しています。

さらに **A3** と **A4** を見てみましょう。そこでは変ロ長調となっています。この曲は短調であるにもかかわらず、ここだけ主題が長調に転じているのです。これは《春》で、もとは長調の主題が、途中で短調へ転じていたのとまったく同じです。すなわち、フーガの構造はリトルネッロ形式だったのです。

フーガと協奏曲ではまったく異なる音楽のようです。しかしその組み立てはほとんど同じであることがわかります。**主題が出る部分とパッセージ的な部分との交替**という発想さえ似ています。協奏曲ではパッセージ的な部分をソロで強調したのでした。しかしフーガでも基本的な構造は同じなのです。

曲全体の構成

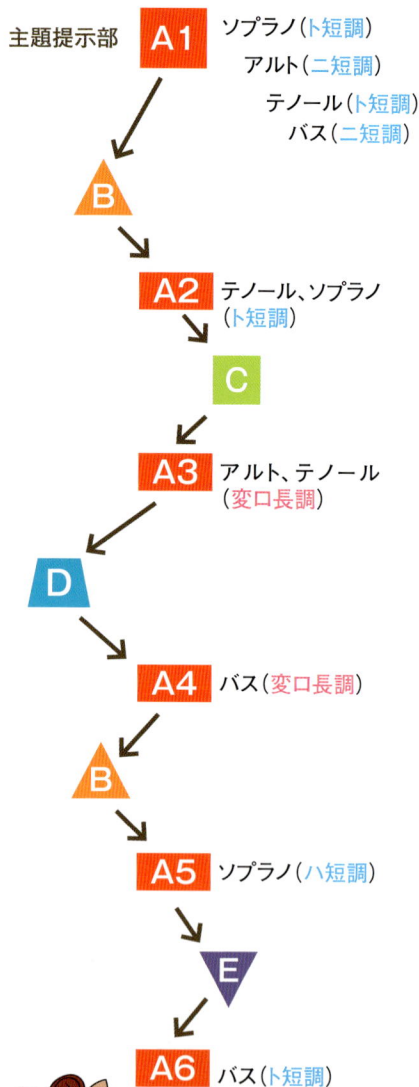

主題提示部　**A1**　ソプラノ（ト短調）
　　　　　　　　　　アルト（ニ短調）
　　　　　　　　　　テノール（ト短調）
　　　　　　　　　　バス（ニ短調）

B

A2　テノール、ソプラノ（ト短調）

C

A3　アルト、テノール（変ロ長調）

D

A4　バス（変ロ長調）

B

A5　ソプラノ（ハ短調）

E

A6　バス（ト短調）

よく見ると、リトルネッロ形式になっているね！

---

*パッセージ…独立した楽想をもたない経過的な部分のこと。
**ロンド（ロンド形式）…器楽曲の形式のひとつ。同じ主題が繰り返される間に異なる挿入句が入る。

伝統の完成者バッハ

フーガは「転調」という技法と、バロックの形式である「リトルネッロ形式」をもって、完成したといえるでしょう。バッハはフーガの可能性を汲み尽くしたかのようです。フーガは伝統的な**ポリフォニー**を発展させた形式でしたが、フーガ的な書法はバッハの音楽の隅々に息づいています。

バロックの**通奏低音**（→p.84）は、基本的に、旋律とバスからなる2声の書法でした。しかしバッハはほかの声部も綿密に織り上げて、全体をポリフォニックに仕上げたのでした。こうしてルネサンスのポリフォニーと通奏低音のスタイルが融合した、独自のスタイルへと到達したのです。バッハの音楽が「総合」だといわれるゆえんです。

晩年に書かれた《フーガの技法》は対位法芸術の集大成といわれる

1723年から亡くなる1750年までの間勤めたライプツィヒの聖トーマス教会

まとめ

ポリフォニーとはそれぞれ独立した旋律を重ねた音楽です。つまり旋律線の支配が強い、「**横軸**」志向の音楽です。それに対して、通奏低音は音楽を和音でとらえる「**縦軸**」志向の音楽です。バッハの音楽がそれらを総合したとすれば、そこでは音楽の「横」と「縦」が一致しているということにほかなりません。この奇跡的な一致において生じたのは、**音楽的情報量が圧倒的に多いポリフォニーの質の高さと、音楽を縦で支える低音の力強さの融合**でした。だからバッハの音楽をひとことでいうと「**深さと生命力をあわせもった音楽**」ということになるでしょう。それは歴史上、後にも先にもない、1回限りの達成だったのです。

音楽を「セットにする」発想
「舞曲」から「組曲」へ
♪ バッハ　序曲（管弦楽組曲）第3番

クラシック音楽といえば、第1楽章、第2楽章といった、いくつかの楽章からなる音楽というイメージが強いかもしれません。そうした「セットにする」という発想の源をたどると、「舞曲」に行き着くことになります。舞曲はバロック時代に組曲として定型化され、個々の舞曲から新しい音楽形式が生まれることになりました。

フリードリヒ大王のフルートコンサート

組曲とは？

　器楽の起源のひとつは舞曲です。すでに見た《ピアノとフォルテのソナタ》（→p.76）は声楽曲を器楽化した音楽でしたが、舞曲は最初から楽器のための音楽であり、その歴史は舞踊と同じくらい古いと考えられます。西洋においては、舞曲は宗教音楽の対極に位置づけられる音楽です。キリスト教真っ盛りの中世にあっても、踊りの音楽は存在していたのです。

　伝統的に舞曲はふたつの楽曲が対に置かれることがありました。たとえば「パヴァーヌ」と「ガイヤルド」です。ふたつは旋律的に関連づけられ、パヴァーヌは偶数拍子による、遅い、すり足の踊り

で、ガイヤルドは3拍子の、急速な跳躍の踊りです。パヴァーヌで踊り手が登場し、ガイヤルドでその妙技を発揮したとも考えられます。

　そしてこの緩 ― 急の一対の舞曲が、組曲の母体となったのでした。

パヴァーヌを踊るカップル（1635年頃）

パヴァーヌとガイヤルドはやがて「ア
ルマンド」と「クーラント」に置き換え
られることになります。これらはともに
フランス語で「ドイツ風」と「走る」を
意味します。そして後にさらにふたつの
舞曲が加えられ、1700年頃には、**組曲
の定型**が生まれました。新たに加えられ
た「サラバンド」はスペインのゆったり

した舞踊、「ジーグ」は急速なイギリス起
源の踊りです。

　組曲の定型は、舞曲をひとまとめにす
るいわば「基本形」として、一般化して
いきました。つまり固定した枠というよ
りは、流行の踊りをとり込むことができ
る土台として定着したのです。

Close up! 舞曲とは?

　踊りを伴奏する音楽が舞曲です。ヨー
ロッパで知られているもっとも古い舞曲
は、中世にまで遡ることができます。ル
ネサンス時代になると、舞曲はさまざま

な楽器のために作曲されるようになりま
した。そしてバロック時代では、ヨーロッ
パ諸国の宮廷舞曲が花盛りとなります。
いくつかの例を見てみましょう。

アルマンド

中くらいの速さで、もとは
2拍子のドイツの踊り。後
に4拍子の舞曲となり、
組曲の冒頭に置かれるよ
うになった
（図版は1770年頃にフ
ランスで描かれたもの）

クーラント

急速な3拍子の舞曲だが、途中で2拍子が入ること
もある。フランスで好まれた舞曲だが、イタリアではコ
レンテと呼ばれ、より急速で、拍子の変化が少ない
舞曲となる

サラバンド

スペイン起源の遅い3拍子の舞曲。2拍目の長いリ
ズムが荘重な足どりを生む
（図版は1716年にドイツで描かれたもの）

ジーグ

8分の3拍子、もしくは8
分の6拍子の急速なイギ
リスの舞曲で、17世紀に
フランスの宮廷にもたら
された
（図版は1906年にアイ
ルランドで描かれたもの）

メヌエット

ゆるやかな3拍子の優雅な舞曲。17世紀フランス
の宮廷舞曲で、後に広く普及した

■■■は組曲の定型となった舞曲

　バロック期は国王の絶大な権力のもと
で、国家が統一され、華麗な宮廷文化が
花開いた時代です。そうした時代背景が、
ヨーロッパ諸国の踊りの流行を生んだと

考えられます。そして、それらがひとま
とまりにされ、定型化されると、「踊り」
から「器楽曲」への歩み出しが始まるこ
とになります。

バッハの組曲

　後期バロックを代表する作曲家バッハも、多くの組曲を作曲しました。無伴奏ヴァイオリンやチェロ、フルートのための組曲や、鍵盤楽器のため、それにオーケストラのための組曲など、多岐にわたっています。ソナタや協奏曲と並んで、バッハの器楽の重要な位置を占めているのです。代表的な例をあげてみましょう。

♪無伴奏ヴァイオリンのためのパルティータ第2番（1720）

| アルマンド | → | クーラント | → | サラバンド | → | ジーグ | シャコンヌ |

- ■は組曲の定型
- ■は舞曲
- □は舞曲でない曲

♪無伴奏チェロ組曲第1番（1720）

| 前奏曲 | アルマンド | → | クーラント | → | サラバンド | → | メヌエットⅠⅡ | ジーグ |

♪イギリス組曲第2番（1719-1725出版）

| 前奏曲 | アルマンド | → | クーラント | → | サラバンド | → | ブーレⅠⅡ | ジーグ |

♪フランス組曲第5番（1722-1725）

| アルマンド | → | クーラント | → | サラバンド | → | ガヴォット | → | ブーレ | → | ルール | → | ジーグ |

♪パルティータ第2番（1725-1730）

| シンフォニア | アルマンド | → | クーラント | → | サラバンド | → | ロンド | カプリッチョ |

だんだんと「定型」から離れてきてる！

♪序曲（管弦楽組曲）第3番（1731）

| 序曲 | エール | ガヴォット | → | ブーレ | → | ジーグ |

　バッハは組曲を「パルティータ」とか、「序曲」とか名づけたりもしています。パルティータは、もとはイタリア語で「変奏曲」*を表し、組曲が旋律的な関連性をもつ一連の曲集であることを示唆しています。同時代のフランスの作曲家クープランなどは、組曲をオルドル（「秩序」の意味）と呼んでいますが、これも全体を秩序づけるという、似た発想に基づくといえるでしょう。

　＊変奏曲…あるメロディと、そのメロディをさまざまに変型したメロディ群からなる曲のこと。

序曲（管弦楽組曲）第３番

また一般的に《管弦楽組曲》と呼ばれているオーケストラ組曲は、もとは「序曲」と命名されています。左ページの図でわかるように、バッハは組曲の定型となっていた４つの舞曲へ、新たにさまざまな楽曲を加えました。そのひとつが組曲を始めるにあたっての導入となる楽曲でした。「前奏曲（プレリュード）」や「シンフォニア」と名づけられたそうした楽曲とともに、「序曲」が置かれることがありました。これは正確には「フランス風序曲」と呼ばれ、バロック中期からオペラで使用された楽曲です。フランス風序曲の構造は次のようになります。バッハの序曲（管弦楽組曲）第３番では、３つのトランペットが華やかに活躍します。

フランス風序曲の構造

緩（ゆっくり）　　　　　急（快速）　　　　　緩（ゆっくり）

繰り返し

A　　　　　B　　　　　A　ただし、省略することも

序曲第3番冒頭　Aの部分

付点リズムを多用している

Bの部分

25

フーガ風の展開

「序曲」はもともとオペラのオープニングだった！

トリノでのオペラ公演（1740年）
舞台の下でオーケストラが演奏している

《ディドとエネアス》（→p.82）もフランス風序曲で幕を開ける

踊りからの離反

組曲の前に置かれた前奏曲にあたる音楽は、舞曲とは関係ありません。踊りの音楽ではないのですが、バッハの管弦楽組曲では、全曲でもっとも大規模な曲となっています。こうして曲集全体が「序曲」と呼ばれることになりました。そこでは「庇を貸して、母屋をとられる」のごとく、もとになった舞曲から組曲が「乗っ取られる」ような状況が生じています。

そうした状況はバッハの組曲全体にもいえます。先の図で示したバッハの組曲は作曲年代順に並べてありますが、晩年になるほど、定型と舞曲そのものが少なくなるのが一目瞭然です。明らかに「いくつかの曲をセットにする」という発想を舞曲から借りているものの、踊りそのものから離れていく傾向があるのです。なおヘンデルの《水上の音楽》《王宮の花火の音楽》もオーケストラ組曲ですが、舞曲の組み合わせというより、もはや純粋な管弦楽曲のようです。

《G線上のアリア》

バッハの序曲（管弦楽組曲）第3番の第2曲《エール》は、有名な《G線上のアリア》*の原曲です。もともと「エール」は旋律的な小品ということで、踊りの音楽ではありません。これも組曲の「舞曲離れ」の一端を示しているともいえます。しかし「構造」は舞曲そのものです。

じつは、「セットにする」という組曲の発想もさることながら、舞曲の「構造」が次の時代で重要な意味を帯びてくるのです。舞曲は前半と後半のふたつの部分からなり、それぞれの部分が反復されます。反復は踊りの音楽の特徴です。そして、ここでいう「構造」の鍵を握るのは「調性」です。旋律などの音楽の「表面」よりも、「土台」となる調的な構想が、舞曲の構造を決定することになるのです。すでにリトルネッロ形式でも調性は重要な役割を演じていましたが、西洋音楽はこの後「調性音楽」と呼ばれるほど、「何調であるか」が決定的な意味をもつに至ります。

舞曲の調構造

属調 ‖: 属調

弛緩

主調 :‖

緊張

主調 :‖

*19世紀にヴァイオリニスト、アウグスト・ウィルヘルミによって、ヴァイオリンのG線だけで演奏するように編曲されて、この名で呼ばれるようになった。

調性の遍歴

主調はその曲のキーとなる調です。舞曲では、主調を出発点として、前半では5度上の属調を終点とします。そして後半は属調から5度下の主調へ向かうことになります。**5度上の転調は緊張を引き起こし、5度下の転調は弛緩と解決感をともなう**（→p.98）ため、「土台」として

の調性の構造は曲の展開にふさわしいともいえます。舞曲の場合、こうしたスタートとゴールが決められてはいますが、その間は自由であり、さまざまな調を遍歴することができます。《エール》の主調はニ長調で、「調性の遍歴」は次のようになります。

《エール》の「調性の遍歴」

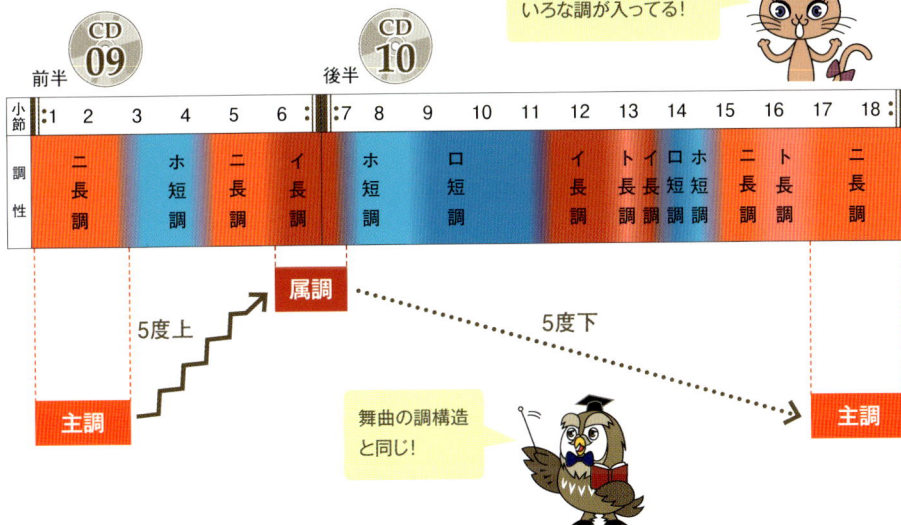

主調と属調の間にいろいろな調が入ってる!

CD 09

CD 10

前半　後半

小節	:1	2	3	4	5	6 :	:7	8	9	10	11	12	13	14	15	16	17	18 :
調性	ニ長調			ホ短調	ニ長調	イ長調	ホ短調		ロ短調			イ長調	ト長調	ロ長調 ホ短調		ニ長調	ト長調	ニ長調

属調

5度上

5度下

主調

主調

舞曲の調構造と同じ!

まとめ

《エール》では**「主調を起点として属調へ至り、再び主調へ戻る」**という舞曲の調性の枠組みは明確です。ここでは、スタートからゴールまでの間で通過する調はかなり多彩で、精妙に移っていきます。全曲を一貫したリズムで支え、音楽を推進させる**通奏低音**は、ジャズでいう「ウォーキング・ベース」のようであり、その上で、3つの声部が美しい織り地（テクスチュア）を織りなしていきます。このよどみない流れのなかで「調性の遍歴」が音楽の表情を刻々と変化させ、《エール》を味わい深いものとしているのです。

なお舞曲における調性の図式は、さらに整理されて、次の古典派の時代の**「ソナタ形式」**（→p.122）へと発展します。

もう王侯貴族だけじゃない！
市民へと開かれた音楽「オラトリオ」
♪ヘンデル　オラトリオ《メサイア》

バッハが実り多い晩年をすごしていた頃、新たな時代の波が押し寄せていました。かつて音楽がおこなわれたのは主に教会と宮廷でしたが、徐々に市民が音楽を楽しむようになったのです。そうした潮流のなかで、バッハの**ポリフォニー**（→p.101）は、難解で複雑すぎるとして、時代からとり残されていたのでした。市民が好んだのは、もっとやさしい音楽だったのです。

《メサイア》を上演中の歌手とヘンデル（右）
1700年代の版画

時代の寵児ヘンデル

ヘンデルは、バッハと同じ年の1685年に、ドイツで生まれました。この時代の音楽の華は何といっても**オペラ**でした。ヘンデルの野望もオペラ作曲家として成功することにあり、オペラの本場イタリアへ赴いたのも当然の成り行きだったでしょう。彼の野望はかなえられ、一時ドイツに帰ってから、活躍の場をイギリスに移しました*。当時、イギリスではイタリア・オペラの上演が盛んだったのです。

イギリスでは18

ヘンデル
（1685-1759）

世紀中頃から**産業革命**が起こりますが、この頃からすでに社会の大きな変化が始まっていました。産業革命は産業の構造を変えただけでなく、かつてない富の蓄積が社会構造そのものを揺り動かしたのです。

1751年のロンドンの街並み。中央の建物はロイヤル・エクスチェンジ（王立取引所）

　＊1727年、ヘンデルはイギリスに帰化した。

旧来の貴族による旧体制に対して、新しく台頭したのは財をなした市民たちでした。今や、生まれや家系ではなく、富が社会を動かすという、資本主義のしくみが発生したのです。新参の上流階級の人々が新しい音楽を必要としたのはいうまでもありません。

そんな時、苦境に陥っていたヘンデルのもとに、一冊の台本が舞い込んできました。それは**オラトリオ**、つまり**宗教的な内容の音楽劇**でした。タイトルは『メサイア（救世主）』。このオラトリオの大成功は、市民が求めていた音楽のひとつの回答を示していました。そしてそれは窮状にあったヘンデルにとっての「救世主」ともなったのでした。

メサイア（救世主）とは?

ユダヤ教の世界観を表す『旧約聖書』では、世界の創造から始まる歴史が説かれ、民族を救済する「救世主」の出現が予言されます。この予言はイエス・キリストの誕生によって、なしとげられます。それを記録したのが『新約聖書』です。そこではイエスが救済するのは、ひとつの民族だけでなく、あらゆる垣根を越えたすべての人々であることが告げられます。

キリスト教によると、人間はみな生まれながらにして罪を背負っているのですが、イエス・キリストだけは原罪から免れた、聖なる存在だといいます。しかし、人間の罪深さゆえに、イエスは十字架にかけられ、死に逝くことになります。

これは、**罪のない者の自己犠牲によって、罪ある者を清める「あがない」**、あるいは**「贖罪」**が達成したことを意味します。つまりイエスの痛ましい死は、すべての人々を罪から解放することを意味し、イエスが救世主であることの証しともなるのです。

《メサイア》の《ハレルヤ・コーラス》の輝かしい音楽が、**受難**の章の最後に置かれているのは奇異に感じられるかもしれません。しかし、そこで歌い上げられているのは、キリストを信じることによって、すべての人が救われるということへの大いなる喜びと賛美なのです。

なお**「自己犠牲による贖罪」**という思想は**西洋の文化の根本に多大な影響を与え、あらゆる芸術のインスピレーションの源**となっています。

グリューネヴァルト『イーゼンハイム祭壇画』
（1515年頃）

ヘンデルの《メサイア》

オラトリオは宗教的な内容を扱った音楽劇ですが、ジェネンズによる『メサイア』の台本では、イエスなどの特定の人物は登場しません。『聖書』の言葉によりつつも、具体的に物語を追うというよりは、やや抽象的に、しかし情感豊かに、イエスをめぐるストーリーを描いています。

ここで全3幕の流れを確認しておきましょう。曲は《シンフォニア》と名づけられたフランス風序曲（→p.105）で幕を開けます。そして第1幕はイエス出現の「予言」から「降誕」までが描かれます。

第2幕は「受難」、第3幕は「復活」がテーマとなります。第2幕の最後に《ハレルヤ・コーラス》が鳴り響きます。《メサイア》がロンドンで演奏されたときのことです。この曲の途中で、臨席したジョージ2世が、曲のあまりの壮大さに、思わず立ち上がったという逸話があります。そのため、今日でも《ハレルヤ・コーラス》では全員が起立して聴く習慣があります。

《メサイア》の構成

	テーマ	登場する曲目
第1幕	イエス出現の予言～降誕	♪《シンフォニア》 ♪《われらにひとりのみどり児生まれり》 ♪《田園シンフォニー》
第2幕	受難	♪《ハレルヤ・コーラス》
第3幕	復活	

CD 11 《田園シンフォニー》

《田園（パストラル）シンフォニー》はクリスマスの定番ともいえる音楽です。曲には「ピファ Pifa」（羊飼いの笛を意味するといいます）とも記され、バグパイプを思わせる持続する低音が特徴的で、8分の12拍子の、シチリアーノのリズムによるゆったりとした田園舞曲です。

ブロンズィーノ『羊飼いの礼拝』（1535-40年）
右奥にバグパイプ奏者が描かれている

《ハレルヤ・コーラス》

　《ハレルヤ・コーラス》の詩は『ヨハネの黙示録』により、ヘンデルは
それをイントロに続いて3つの部分に分けて、作曲しました。

CD 12

小節	音楽の構成	詩	
1	**CD** 00:00〜 イントロ		
4	**CD** 00:07〜 ❶ ホモフォニー	A　*Hallelujah*	【日本語訳】 ハレルヤ、 主なる全能の神が 君臨なさる
12	ユニゾン	B　*for the Lord God Omnipotent reigneth*	
15	ホモフォニー	A　*Hallelujah*	AとBが交替に現れ、次にこれらの ふたつがポリフォニックに組み合わ される
17	ユニゾン	B　*for the Lord God Omnipotent reigneth*	
20	ホモフォニー	A　*Hallelujah*	
22	ポリフォニー	A　*Hallelujah* + B　*for the Lord God Omnipotent reigneth*	もっとも短い部分。合唱で歌われる
34	**CD** 01:14〜 ❷ ホモフォニー	C　*The Kingdom of this world is become the Kingdom of our Lord, and of His Chris*	【日本語訳】 この世の王国は、 われらの主と、 そのキリストの王国となる
41	**CD** 01:33〜 ❸ ポリフォニー （フーガ）	D　*and He shall reign for ever and ever* + *for ever and ever*	【日本語訳】 主は永久（とこしえ）に君臨なさるだろう 王の王、主の主
51	ホモフォニー	E　*King of Kings, and Lord of Lords (for ever and ever)* + A　*Hallelujah*	まずDは「主は永久に君臨なさるだ ろう」をフーガで始め、次にE「王の 王、主の主」をソプラノが引き延ば す下で「永久に」と「ハレルヤ」が歌 われる。長く伸びたソプラノは、神 の統治が「永久」であることを表し ているよう。次にDと「永久に」と 「ハレルヤ」が組み合わされ、最後 は輝かしい「ハレルヤ」の合唱で終 わる
69	ポリフォニー	D　*and He shall reign for ever and ever (for ever and ever)* + A　*Hallelujah*	
74	ホモフォニー	E　*King of Kings, and Lord of Lords (for ever and ever)* + A　*Hallelujah*	

縦の響き

壮大な《ハレルヤ・コーラス》の響きの秘密は、どこにあるのでしょうか。
冒頭部分の楽譜を見てください。

《ハレルヤ・コーラス》冒頭

ホモフォニー

　4つのパートすべてが、縦にぴったりそろって、同じリズムで「ハレルヤ」を歌っています。こういうスタイルを「ホモフォニー」といいます。典型的なホモフォニーは賛美歌を思い浮かべればいいでしょう。各声部の独立性が強いポリフォニーの対極にあるスタイルです。ホモフォニーは「縦の響き」への志向が強く、《ハレルヤ・コーラス》の圧倒的な音響の理由ともなっています。また同時に声部ごとに歌詞がずれるポリフォニーより、ホモフォニーでははるかに歌詞

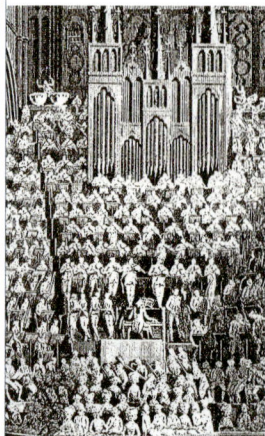

イギリス・ウエストミンスター寺院におけるヘンデル記念式典の様子（1785年）。この式典では《メサイア》が大編成で歌われた

が聞きとりやすくなります。

　ヘンデルがホモフォニーを多用していることは、前ページの図から明らかです。しかし、ホモフォニーだけだと音楽が単調になるため、ポリフォニックな部分を巧みに織り交ぜています。こうしてホモフォニーのわかりやすさと、ポリフォニーのドラマティックな展開が、ひとつとなったのです。

　さらに最初はもっとも単純なホモフォニーで、ユニゾン*さえも使っているのに対し、曲が進むにつれて、だんだん複雑になります。最後はホモフォニックでありながら、ふたつの歌詞が組み合わされ、圧倒的な終結をもたらしています。そして「ハレルヤ」の歓呼の声——「万歳！」といったところでしょうか——は曲のいたるところに現れ、音楽の雰囲気を決定し、楽曲としてのまとまりをもたらしているのです。

　*ユニゾン…「ひとつの声」の意味。複数の楽器や声でひとつの旋律が歌われること。

ホモフォニーとポリフォニー

ホモフォニーは普通の合唱曲のスタイルです。いくつかのパートが違う音程で歌いながら、同じリズムで進行します。

それに対して、ポリフォニーはイメージしにくいかもしれません。そこで、よく知られた《ドレミの歌》を想い起こしてみましょう。この曲のクライマックスでは、「ドミミ・ミソソ・レファファ・ラシシ」と子供たちが歌うのに対し、マリアのパートが「ソー・ドー・ラー・ファー・ミー・ドー・レー」と絡みます。これがポリフォニーです。ポリフォニーでは、この例のように、組み合わされる旋律同士は性格を変えておくのが普通です。両者はまったく別の音楽なのですが、不思議に調和するのです。

たとえていえば、ポリフォニーは複数の人が同時に別のことを話すのに似ています。話が聞きとりにくくなるのはいうまでもありません。単に情報量が2倍になるというだけでなく、格段に難しくなるのです。それに比べると、ひとりの話にだけ耳を傾けるのは、何と楽なことでしょう。ホモフォニーでは旋律は一番上のパートにあり、ほかの声部はそれをハーモニーで支えているだけです。耳はひとつの旋律を追うだけでよく、非常にわかりやすい音楽となります。

ポリフォニーは複雑です。異なった旋律が同時進行するとなると、情報量が飛躍的に増えるからです。それはつまり、「内容がある」ということです。ホモフォニーがわかりやすすぎて、音楽的実質に乏しいように感じられるのと逆です。音楽に質を求めると、ポリフォニーの要素が必要となります。

西洋音楽史では「単純」なホモフォニーから「複雑」なポリフォニーへ発展したのではありません。逆なのです。これは歴史的展開が単純な「進化」ではないこと、および歴史の流れが大きく「民主化」「大衆化」を志向していることの表れでもあります。音楽をわかりやすくするホモフォニー化は、音楽受容を広げるための鍵となるからです。

まとめ

ヘンデルのオラトリオが大ヒットしたのは、新たな聴衆となった市民が受け皿となったからでした。オラトリオは宗教的なオペラといっても、演技や舞台装置などを伴わない劇場形式で上演されます。そのため安価に上演できることになります。またオペラのストーリーが背徳的だったり、残酷だったりするのに対し、オラトリオは道徳的であり、教育的でもあります。さらには国境を越えてイタリア語で歌われるイタリア・オペラに対して、オラトリオは母国語の英語でした。あらゆる意味で、市民が家族ぐるみで楽しめるジャンルだったことがわかります。そしてもうひとつ、ホモフォニーのスタイルによる、わかりやすく平明な音楽が、新しい聴衆を獲得した音楽的要因だったに違いありません。

バロック

感情表現の欲求

　バロック期で重要なのは、①感情表現への志向と、②器楽の興隆です。この時代を突き動かしていたのは、感情を表現する欲求でしたが、そのために新たに通奏低音様式が生み出されました。ここからバロックが始まります。クラシック音楽の代名詞ともいえる交響曲やピアノ音楽などの器楽の一大ジャンルを準備したのが、バロックだったのです。そして①と②は、じつは、つながってもいるのです。

　1600年頃、フィレンツェを中心に興った新しい芸術運動は、「古代ギリシャの再生」と称して、新しい音楽を生み出しました。これはモノディと呼ばれ、歌詞の内容を表現する旋律と、和音をつけ

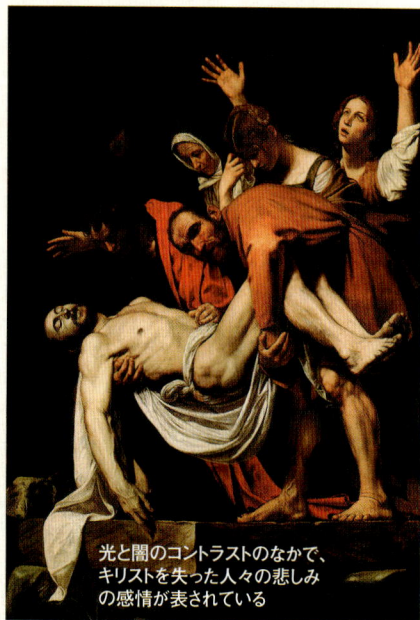

光と闇のコントラストのなかで、キリストを失った人々の悲しみの感情が表されている

カラヴァッジョ『キリストの埋葬』（1600年）

ながら奏されるバスからなります。このバスのパートを「通奏低音」といいます。通奏低音はルネサンスのポリフォニーから、まず旋律とバスをとり出し、残りのパートを和音に回した様式です。ポリフォニーの網の目から解き放たれた旋律は、今や自由に感情を歌い上げ、バスと和音が背後で旋律を支えることになります。ここに「和音」と「伴奏」の概念が生まれました。

　また通奏低音のパートは楽器で演奏されたため、器楽が正当化されたのでした。感情表現と器楽化が結びついていたというゆえんです。

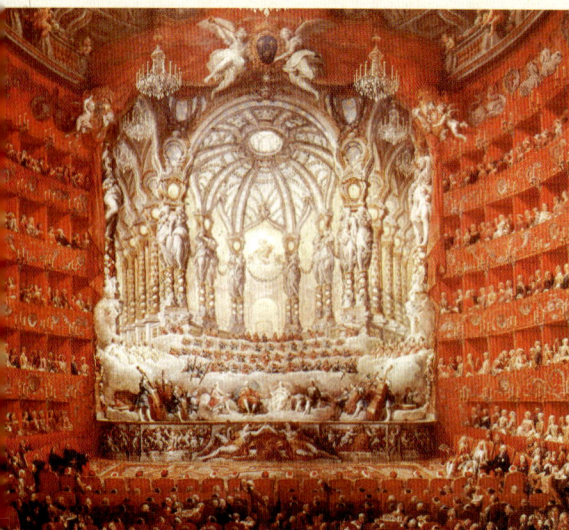

フランス皇太子の誕生を祝ってローマでおこなわれた音楽会の様子（1729年）。バロック時代には、王や貴族が催す豪華なイベントのための音楽が数多く作曲された

バロック時代の歌曲とオペラ

フィレンツェの実験はモノディ歌曲集『新しい音楽』(1602)などに結実し、**カッチーニ**などの作曲家がイタリア古典歌曲を生み出しました。その成果をオペラへと発展させた天才が、**モンテヴェルディ**でした。オペラはバロックを代表する音楽となり、宮廷を華やかに彩りました。

カッチーニ
(1551-1618)

モンテヴェルディ
(1567-1643)

バロック時代の器楽

一方、器楽への道には、**①それまでの器楽曲の発展**、**②ルネサンスの声楽曲の器楽化**、**③新しい器楽**の3つの流れをみることができます。①では、まず**舞曲**が「**組曲**」へ発展します。**クープラン**の優雅な組曲などは、組曲という形式的な枠組みは残しながら、各曲は踊りから離れることもあります。そして礼拝などでお

クープラン
(1668-1733)

コレッリ
(1653-1713)

トレッリ
(1658-1709)

ヴィヴァルディ
(1678-1741)

しかしオペラの歴史的展開のなかで、徐々に**アリア（歌）**が優勢となり、モノディはアリアの前に置かれる**レチタティーヴォ（朗唱）**となってしまったのでした。

フィレンツェで上演されたバロック・オペラの様子(1658年)

こなわれていたオルガンの即興的な演奏は、「**トッカータ**」「**前奏曲とフーガ**」といった楽曲を生みます。一方、②の流れは「**協奏曲**」へと発展します。**コレッリ、トレッリ、ヴィヴァルディ**らの協奏曲はバロックを代表する器楽となりました。そして③で典型的なのは、**オペラの序曲**です。やがてオペラから独り歩きした序曲は、次の時代の代表的な器楽である「**交響曲**」の母体となるのです。後期バロックは以上のような器楽の百花繚乱たる様相を呈しています。これらのすべてのジャンルできわめて高レヴェルな作品を遺したのが**バッハ**でした。

バッハ(1685-1750)

わかりやすくて深い！
「主題労作」が切り拓いた新時代の音楽
♪ハイドン　弦楽四重奏曲《皇帝》

旧体制をなぎ倒したフランス革命が象徴するように、西洋音楽史においても18世紀後半は変革の時代でした。市民が音楽に何よりもわかりやすさを求めた結果、著しい質の低下を招いたのです。ほとんど娯楽となった音楽を「芸術」へと高める道を開いた作曲家に、ハイドンがいました。

弦楽四重奏を練習するハイドン

前古典派の革命

バロックが終焉する1750年頃から、ウィーン古典派が成立する1780年頃までの時期を、「前古典派」ということがあります。新しい音楽生活のあり方が、前の時代との決定的な断絶をもたらした時代です。これまでの音楽の「場」とは、「教会」や「宮廷」、そして「劇場」でした。しかし、この時代、市民たちみずからが音楽を楽しむ新しい「場」が生まれたのです。私的な空間である「家庭」と、公的な場所である「演奏会」です。

こうして家庭で歌ったり、楽器を弾いたり、あるいは合奏を楽しんだりするための「家庭音楽」というジャンルが生まれます。また一方で、同じ頃、ヨーロッ

野外コンサートの様子（1786年、イギリス）
2階から身を乗り出しているのがソプラノ歌手。多くの市民が集まっている

パ各地で「公開演奏会」が催され、演奏会へ行くことが市民の音楽生活の一部となっていったのでした。

音楽の場が「家庭」と「演奏会」となると、それぞれに典型的な音楽が生まれます。家庭に対応するのが「ソナタ」、演奏会に対応するのが「シンフォニー」となるのです。ガブリエーリの《ピアノとフォルテのソナタ》（→p.76）を想い起こしてください。それは管弦楽曲でしたが、「ソナタ」という用語は室内楽にも、鍵盤音楽にも使われていました。「シンフォニー」にしても、あらゆるジャンルの器楽に用いられ、また声楽曲にまで使用されることがありました。こうしたバロック期の用語法の混乱は終止符が打たれ、今や「ソナタ」と「シンフォニー（交響曲）」の近代的な概念が確立されたのです。

旧体制下で音楽を担当していたのは、**職業的な音楽家**でした。バッハのように教会や宮廷に仕えて、そこで必要とされる音楽を供給する人たちです。彼らは作曲家であり、同時に演奏家でもありました。ところが、新しく音楽を始めた市民はアマチュアだったのです。彼らが演奏する楽しみに参加するとしても、音楽理論や作曲法に精通しているはずはありませんでした。ここで**「作曲家と演奏家の分裂」**が生じることになりました。

> バロックの通奏低音（→p.84）は、アマチュアには難しすぎます。低音のパートを弾きながら、楽譜に書かれていない音を即興的に加えるには、理論的知識や経験が必要となるからです。こうして通奏低音は一掃され、弾かれるべきすべてのパートが楽譜に書かれることになります。

Close up! 「家庭音楽」と「公開演奏会」

「家庭音楽」と「公開演奏会」の時代になると、音楽のあり方は今までと大きく変わったのである

モーツァルトが1785年に連続演奏会を開いた会場「メールグルーベ」（ウィーン）。当時は舞踏会などがおこなわれた会場だったが、ニ短調の協奏曲K466が初演されるなど、市民のための音楽会も多数おこなわれた

ティシュバイン『クラヴィーアを弾く女性』（1777年）

1778年3月26日に行われた、ベートーヴェンの初めての公開演奏会のチケット

ホモフォニーの圧倒的な支配

家庭音楽たるソナタは、たとえば次のような音楽でした。モーツァルト8歳の1764年に出版された、ソナタハ長調K6です。

チェンバロに向かうモーツァルト（左は父レオポルト、右は姉ナンネル）

通奏低音に変わって現れたのが、「アルベルティ・バス」と呼ばれる簡易な伴奏でした。上の譜例の「ド・ソ・ミ・ソ」という音型です。通奏低音のパートがあくまでも旋律だったのに対し、これはただの分散和音であり、旋律線はなくなってしまいました。

グレゴリオ聖歌以来、西洋音楽史は旋律に旋律を重ねるという形で発展してきました。バロックの通奏低音も旋律とバスの2声のスタイルで、伝統を保持していたのでした。しかしここに至って、ポリフォニーの伝統は完全に否定されてしまいます。音楽の革命期というゆえんです。

こうして、ひとつの旋律だけが残され、他のすべてのパートが背景に回るというスタイルが生まれます。このスタイルも広義の「ホモフォニー」といわれます。これはたとえばピアノの教則本で有名な「バイエル」や「ソナチネ」などのスタイルであり、ほとんど鑑賞に耐える音楽とはなりえないでしょう。

しかし、それでいいのです。譜例の少年モーツァルトの曲にしても、正式には《任意のヴァイオリン伴奏を伴うソナタ》

> **楽典Column**
> ## 分散和音
> 分散和音（伊：Arpeggio）は和音構成音を時間的にずらして演奏する書法です（たとえば垂直に「ド・ミ・ソ」と並んだ和音を、「ド・ソ・ミ・ソ」と弾くなど）。分散和音には旋律的要素がほとんどなく、多用すると、ホモフォニックな書法となり、あまりにも平明な音楽になりがちです。しかしショパンやドビュッシーなどは、芸術的ともいえるアルペッジョを書いています。

であり、「伴奏」のヴァイオリンはあってもいいし、なくても構いません。要するにひとりで弾いても、合奏しても面白いという家庭音楽なのです。鑑賞のための音楽というより、家庭的な雰囲気を楽しむための音楽です。この時代に流行した音楽に「気晴らしの音楽」という合奏音楽がありますが、時代の音楽観を要約しています。

弦楽四重奏曲《皇帝》

ハイドンの弦楽四重奏曲は、ほかならぬ**ディヴェルティメント**からの出発でした。しかし、1781年、《ロシア四重奏曲集》が発表されたとき、明確に新しい一歩が踏み出されました。ハイドンは曲集の序文でこれらの楽曲が「特別な方法」で作曲されたことを述べており、意識的に新しい様式が開拓されたことを物語っ

ています。それはどのような方法だったのでしょうか。彼のもっとも人気のある弦楽四重奏曲で検証してみることにしましょう。弦楽四重奏曲ハ長調 作品76-3《皇帝》(1797)の第1楽章です。

ハイドン
(1732-1809)

さて、ここで作曲法の基本を確認しておきましょう。一般的にいって、作曲には、①インスピレーションの赴くままに、どんどん新しい楽想*を連ねていく方法、②最初に思いついた楽想から次の部分を導き出す方法、のふたつがあります。初期のモーツァルトなどは明らかに前者の傾向が強いといえるでしょう。ハイドンは後者の立場をとったのです。その具体的な方法論がここにあります。

曲は明確な「主題」から始まります。主題は「動機」と呼ばれる部分からなります。動機は、それとわかる特徴を備え

動機

た、最小単位です。

続く部分は、いったん、動機から離れますが、13小節目からは動機によって音楽が導き出されていきます。

明らかにハイドンは、動機を活用し、発展させて、曲を紡ぎ出しているのです。

この技法を「主題労作(しゅだいろうさく)」といいます。動機はまるで種子のように楽曲全体へと成長するのです。

CD 13 00:00〜 弦楽四重奏曲《皇帝》第1楽章

Allegro ①
これが動機だね

第1ヴァイオリン
第2ヴァイオリン
ヴィオラ
チェロ

今度はヴィオラが弾いとる(②)

*楽想…作曲家が思いつく音楽のひとまとまり。具体的には旋律やハーモニーやその組み合わせなど。　119

♪ ♩ ♩ ♩ ♩ のリズムを
タ タータタタン 見つけよう

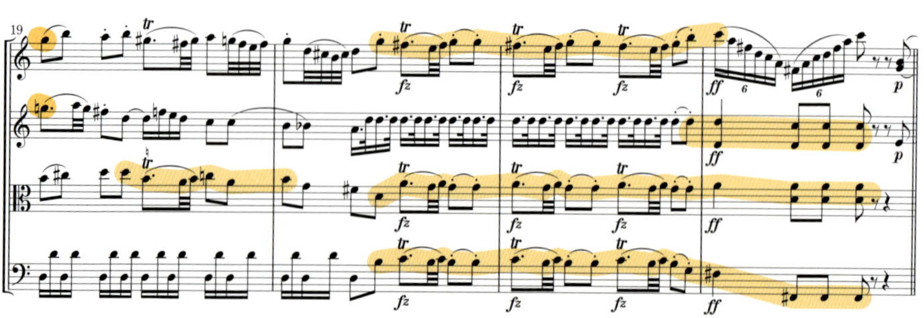

楽譜では明確な動機の部分を濃く、動機が少しずつ
原型から離れるごとに色を薄くしてある

ホモフォニーとポリフォニーの融合

　動機の操作によって音楽を形成する。これが「主題労作」であり、ハイドンのいう「新しい方法」だったと考えられます。しかし、それは音楽を「有機的に」展開させるだけではありませんでした。左ページの譜例を見てください。動機は最初、第1ヴァイオリンで出ますが（❶）、内声*のヴィオラで出たり（❷）、低音のチェロで出たりもするのです。これは少しばかりバッハのフーガのようでもあります。もちろん基本になっているのはあくまでもホモフォニーであり、厳格なポリフォニーではありませんが、「ポリフォニーらしい」のです。

　ここで奇跡が起きたかのようです。ポリフォニーとホモフォニーは水と油のようであり、融合しようがないはずでした。ところが主題労作によって、「ポリフォニーの要素が混入したホモフォニー」が可能となったのです。ヘンデルのようにホモフォニーとポリフォニーをずらして並べるのではありません。ホモフォニーにポリフォニーを注入した、「ポリフォニックなホモフォニー」の完成です。

　《皇帝》を聴いてわかるように、この音楽は少しも難解ではありません。ホモフォニーが基本になっているからです。しかし軽すぎる音楽にもなっていません。ポリフォニーの要素が浸透しているからです。これは画期的でした。なぜなら、ここで達成されたのは、ホモフォニーの「わかりやすさ」と、ポリフォニーの「深さ」を併せもつような音楽だからです。前古典派の音楽のまさに啓蒙主義的ともいえる開かれた性格と、伝統的な音楽がもつ豊かな実質が、矛盾することも、相殺することもなく、統合されたのでした。

◻ まとめ ◻

　前古典派音楽の質をいかに高めるかという課題。そのハイドンの回答は、主題労作に集約されたのでした。そしてハイドンが切り拓いた道は、古典派音楽の高みへ通じていたのです。主題労作なしに、ベートーヴェンの音楽など決してありえなかったでしょう。

　しかし、こういういい方もできます。主題労作は、ホモフォニーにポリフォニーの要素をとり込む課題への、「古典派的な方法論」だったということです。別の方法も可能なはずです。こうして、古典派以後は「ホモフォニーとポリフォニーの総合」の度合い、やり方が、様式の特徴を示すことになります。というのも、グレゴリオ聖歌から続いてきた様式の発展、あるいは転換は、古典派でひとつの完成された段階に到達し、あとは古典派様式をどのように応用したり、複雑化したり、個性化したりするかが課題となるからです。古典派音楽は、時代を画すると同時に時代を超えた規範というべき、まさに「クラシック」だったのです。

＊内声…いちばん高いパートといちばん低いパートの間にあるパート。

「ソナタ形式」って何？
傑作オペラでスッキリ解明！

♪モーツァルト　オペラ《フィガロの結婚》より六重唱曲

　古典派の時代、音楽は階級を超え、国を超えて、聴衆に開かれていきました。また男性・女性の性別や、職業・年齢にもかかわりなく、音楽は誰にでも楽しめるものでした。そうした状況のなかで、音楽にひとつのルールのようなものが生まれました。それが**形式**です。古典派の時代は「**ソナタ形式**」の時代なのです。

《フィガロの結婚》の舞台画

市民のための音楽と「形式」

　ソナタ形式は、最初、創作の手引きでした。作曲はすべてが1回限りのオリジナルなどではなく、あるパターンに従うのが普通だったのです。それは「交響曲」でも、「弦楽四重奏曲」でも、「ソナタ」でも、またときには「アリア」にでもあてはまるようなものです。とくに貴族だけでなく市民が音楽を楽しむようになったときに、多くの音楽で共通するパターンがあったことは、きわめて有利にはたらいたはずです。

　というのも、創作の手引きとしての形式は、音楽を聴く側にとっても有効だからです。聴衆はそのパターンさえ知っておけば、音楽についていくことができるからです。少なくとも、形式は長い音楽を飽きずに聴くための、ちょっとした道案内なのです。しかも、聴き手が誰であれ、それさえ知っていれば、音楽を楽しむことができます。古典派があらゆる聴衆に開かれた時代であったということと、この時期がソナタ形式の全盛期であることは、偶然の一致ではないでしょう。ソナタ形式を概説すると次ページのようになります。

《フィガロの結婚》が初演された旧ブルク劇場（ウィーン）

ソナタ形式とは

提示部

第1主題　　　　　第2主題

主調　　　　　　　属調*

展開部

いろいろな調

再現部

第1主題　　　　　第2主題

主調　　　　　　　主調

コーダ

ソナタ形式の基本

❶ 全体は「提示部」「展開部」「再現部」の3つの部分からなる（最後に「コーダ」がつくことがある）。

❷ 「提示部」には「第1主題」と「第2主題」が置かれ、反復記号で閉じられる。

❸ 「展開部」は絶え間なく転調を繰り返す部分で、最後に再現を準備する部分となる。

❹ 「再現部」は提示部が再現される部分だが、第2主題は主調に戻される。

　少し面倒かもしれませんが、これさえ覚えておけば、かなりの音楽に通用します。今聴いている「現在地」を知ることはもちろん、次に来るものを予測、あるいは期待したりもできます。こうして、たとえば作曲家は「予想外」の展開をして、聴き手の裏をかいたりもするのです（ハイドンなどお得意のわざです）。

　また「普通」のパターンを知っておけば、今聴いているものが「普通」とどう違うかを楽しむこともできます。たとえば、一般に、第1主題は「男性的」、第2主題は「女性的」といわれますが、実際はどうか

……そうやって聴いていると、積極的に音楽へ入り込んでいけることになります。

今はこのあたりね

再現部

展開部

提示部

ソナタ散歩道

*短調の場合は平行調に転調（→p.136～p.137）。

音による建築物

ソナタ形式はバロックの舞曲の**二部形式***に基づくとされ、事実、提示部にある反復記号はその名残（なごり）であるともいわれます（展開部と再現部もひとまとめに反復記号がつく曲もあります）。またバッハの《エール》（→p.102）で見た舞曲の調性の構造も引き継いでいます。しかし根本的な違いがあります。たとえば提示部を見てみましょう。

バロックの舞曲では**主調**から**属調**への「流れ」、あるいは「上昇」がそのまま音楽となっていました。出発点とゴールがはっきりしていただけで、その間には寄り道したり、ときにはもとの調を通過したりして構わなかったのです。しかしソナタ形式はそうではありません。

第1主題は、明確な主調の部分です。

バロックの舞曲

‖: 主調 → 属調 :‖: 属調 → 主調 :‖

ソナタ形式

提示部
‖: 第1主題 → 第2主題 :‖: 展開部 → 再現部 :‖

それが終わったら、次に属調への「動き」が起こります。これを**「推移部」**とか**「経過句」**ということがあります。そして属調にたどり着くと、次は**第2主題**といわれる部分になります。最後に属調を確認して、終止します。これを**「終結部」**とか**「コデッタ」**といったりもします。下の図を参照してください。

提示部の構造

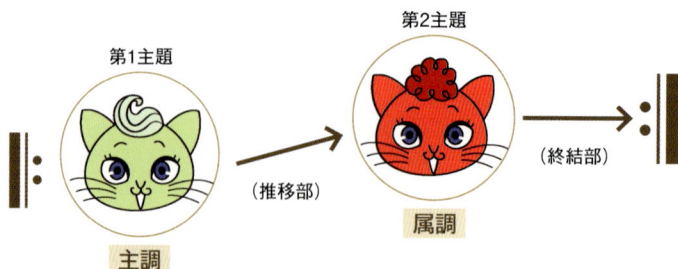

第1主題
主調

（推移部）

第2主題
属調

（終結部）

提示部では主調と属調がはっきりと示される

つまり提示部は、いくつかの部分が、それぞれの役割に応じて、組み合わされているのです。同じことは展開部、再現部、そしてソナタ形式全体についてもいえます。これは一続きの連続体をなす舞曲とは、決定的に異なります。ソナタ形式はすなわち建築物のような形式なのです。

＊二部形式…ひとつの曲がふたつのまとまった部分からなる形式のこと。

《フィガロの結婚》のドラマ

　ではソナタ形式はどのように音楽を構築していくのでしょうか。ここでモーツァルトのオペラ《フィガロの結婚》K492（1786）のページを開いてみましょう。《フィガロの結婚》は、伯爵に仕える平民フィガロとスザンナの結婚をめぐる、全4幕のドタバタ喜劇ですが、第3幕の六重唱曲は、それ自体が小さな劇をなしています。そこでソナタ形式が用いられているのです。

モーツァルト
（1756-1791）

　ここでの登場人物は6人です。まず今日、結婚式を挙げようというフィガロとスザンナ。ところがふたりの結婚を阻止しようとする人たちがいます。スザンナに横恋慕している伯爵、フィガロに仕返しをたくらむバルトロ、借金の証文を形に、フィガロに結婚を迫る女中頭マルチェリーナ、さらにマルチェリーナの訴えの正当性を保証するおべっか使いの公証人ドン・クルツィオの4人です。これで合計6人となります。ただし曲が始まるとき、スザンナはこの場面にはいません。マルチェリーナに返すお金を工面しに行っているのです。

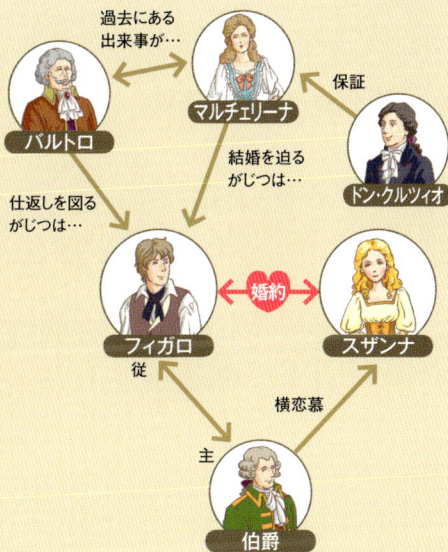

　ところが、曲が始まる前に、とんでもない事実が発覚します。マルチェリーナはフィガロの実の母親だったというのです！ そして父親はバルトロ……。3人が親子の抱擁を交わしながら、六重唱は始まります。曲はまず安定したへ長調が続きます。これが第1主題です。

CD 14 00:00〜 提示部 第1主題

マルチェリーナ

抱きしめて
思い出してちょうだい

へ長調

Ri - co - no - sci in que - sto am - ples - so　u - na　ma - dre, a - ma - to　fi - glio!

第2主題の登場＝劇の萌芽

　そこへスザンナがやってきます。これはソナタ形式の第2主題にほかなりません。調は属調のハ長調となります。ここで属調がもっている緊張の意味が明らかになります。この緊張は、マルチェリーナがフィガロの母親であるという事実を、スザンナ＝第2主題だけがまだ知らないことに起因しているのです。それはこれまでになかった新しい要素として、対立をもたらす緊張を秘めています。

CD 14 　00:57〜　提示部 第2主題

お待ちください、お金を用意しました、伯爵様

ハ長調

Al-to　al-to, si-gnor Con-te,　　mil-le dop-pie son qui pron-te,

スザンナ

ここでは「推移部」は見られない。ヘ長調から一瞬のうちにハ長調へ転調しており、これはスザンナの突然の出現という状況とびったりと合っているのじゃ

対立から和解へ〜ドラマの形式

　スザンナが秘めていた緊張は表面化します。マルチェリーナと仲良く抱きあっているフィガロを見て、スザンナは逆上するのです。音楽は急にハ短調へ転じ、スザンナは怒りに震えます。ソナタ形式の「展開部」です。劇的な「紛糾」「葛藤」を呼び起こし、緊張を高めます。

CD 01:28〜　展開部

裏切りよ！

ハ短調

スザンナ　　Già d'ac-cordo ei col-la　spo-sa;　giu-sti Dci, che in-fe-del-tà

そしてスザンナとマルチェリーナが仲直りするところから再現部が始まります。**再現とは「和解」を意味します。**スザンナはマルチェリーナとフィガロが親子であったという真実を、みんなと共有することになるのです。劇的な緊張は解かれました。音楽はへ長調へ戻ります。

CD 02:42〜 再現部

へ長調

マルチェリーナ

怒りをしずめて、いとしい娘よ

Lo sde - gno cal - ma - te, mia ca - ra - fi - gliuo - la, sua

最初は歌の声部にあった第1主題は、再現部では木管楽器に回されている

フルート
オーボエ

この曲の場合、悔しさに地団駄を踏む伯爵はまだ対立の要素として、続く再現部でも残されています。これは一般的なソナタ形式の図式とは若干違うかもしれませんが、六重唱曲の劇的な展開からの必然といえます。なぜならフィガロとマルチェリーナの対立は解かれたものの、スザンナへの伯爵の道ならぬ横恋慕はまだ続くからです。しかし六重唱曲の基本的な構図がソナタ形式から出ているのは明らかです。

劇作法を論じた古典的な名著『詩学』で、アリストテレスはこんなふうに言っています。

ドラマとは、いくつかの部分を「紛糾」と「決着」で構成し、行為を模倣するのだ

これはまるでソナタ形式の説明のようです。**ソナタ形式とは音楽をドラマ化する形式**だったのです。

▭ まとめ ▭

古典派では、ソナタ形式があらゆるジャンル、あらゆる楽曲で用いられただけでなく、ソナタ形式的な「発想」は別の形式、たとえば**三部形式**や**ロンド形式**の楽曲にまで及びました。その影響力はロマン派までも続き、歴史はソナタ形式の可能性を汲み尽くしていくことになります。その際、主題に焦点が移り、ソナタ形式とは**「主題のレイアウト」**を意味するようになりがちでした。しかし、ソナタ形式の原点は、調性という音楽の土台によって、**「純音楽的に音楽を劇化する発想」**にあったということは、確認しておくべきなのでしょう。

ソロとオーケストラの幸福な結婚！
古典派協奏曲の傑作
♪モーツァルト ピアノ協奏曲第20番 ニ短調 K466

　バロック以来、**協奏曲**は器楽を「面白くする」ために工夫された音楽でした。歌詞の世界を表現する声楽曲とも、実用的なソナタや壮麗な交響曲とも違う音楽です。協奏曲はいわば純粋な「音の遊び」ともいえる世界を展開するのです。古典派の時代になると、協奏曲はモーツァルトの作品でひとつの頂点を迎えることになります。

総合する天才

　モーツァルトの生地であるザルツブルクは、オーストリアの西に位置し、南のアルプスを越えるとイタリアがあり、北にはドイツが広がっています。神童として成長したモーツァルトは25歳のときに故郷を離れ、ウィーンで自由な音楽活動を始めました。宮廷に仕え、注文に応じて作曲する前の時代と、市民が消費する音楽を提供する新しい時代の両方を体験したことになります。モーツァルトは地理的にも時代的にも相反するような状況を生きており、そのことが彼の音楽に

ザルツブルクと周辺の国々　故郷ザルツブルク

ドイツ
オーストリア
ウィーン
ザルツブルク
イタリア

モーツァルト
（1756-1791）

「融合的な性格」を与えたといわれることがあります。つまり**イタリア音楽の「旋律美」と、ドイツ音楽の「真面目さ」の融合**、そして**「大衆性」と「職人性」の融合**です。

　35歳の生涯のうちに、モーツァルトはきわめて多くの作品を遺しました。それらの作品はあらゆるジャンルに及んでいますが、特筆すべきは、どんな楽曲でも高い完成度に達していることです。モーツァルトが「万能の天才」といわれるゆえんです。そのなかでも協奏曲は幼少の頃からモーツァルトの憧れのジャン

©TOHBI Austrian Filmcenter

モーツァルト愛用のヴァルターフリューゲル

ルであり、ピアノ協奏曲はピアニストとしてのみずからの妙技を披露する場でした。さらにモーツァルトの「融合」の能力が、ピアノとオーケストラというまったく異なる音源の組み合わせに、高次の調和をもたらしたのです。

初めての短調の協奏曲

　モーツァルトは生涯に27曲のピアノ協奏曲を作曲しました[*]。娯楽となった当時の音楽は**長調**が主流でした。しかし、1785年に完成した第20番は、協奏曲で初めての**短調**の作品となりました[**]。社交的なジャンルである協奏曲にどうして短調を用いたのか、理由はわかりません。**短調の作品はドラマティックで、強い表現力**を特徴とします。そのせいでしょうか、ピアノ協奏曲第20番ニ短調は後の時代にもっとも好まれ、ベートーヴェンなどは第1楽章のための**カデンツァ（楽章を締めくくる直前に、ソロが名人芸的な技巧を繰り広げる即興的な挿入句）**を作曲したりもしています。元来、純粋な「音の遊び」だった協奏曲に、モーツァルトはドラマと表現を加えたのでした。それは劇作家モーツァルトならではの協奏曲といえるかもしれません。

モーツァルトと短調のピアノ協奏曲

1781	25歳	ザルツブルク大司教と決裂し、ウィーンに定住
1782	26歳	コンスタンツェと結婚
1784	28歳	秘密結社フリーメーソンに入会
1785	29歳	ピアノ協奏曲第20番 ニ短調K466作曲
1786	30歳	オペラ《フィガロの結婚》初演 民衆の人気を集める ピアノ協奏曲第24番 ハ短調K491作曲
1788	32歳	三大交響曲（交響曲第39、40、41番）を作曲
1791	35歳	オペラ《魔笛》を作曲 《レクイエム》作曲途中に亡くなる

コンスタンツェ

EINLASS-KARTE
ZUM
CONCERT
VON
W. A. Mozart

モーツァルトの演奏会の入場券（1785年頃）

＊最初の4曲は編曲であるため、オリジナルは23曲。
＊＊ピアノ協奏曲ではもう1曲、第24番ハ短調K491がある。

主題で遊ぶモーツァルト

古典派協奏曲の第1楽章の形式は「協奏風ソナタ形式」です。これは協奏曲用のソナタ形式で、ソロ用のカデンツァが置かれることも特徴的ですが、それより大きな違いは、提示部がオーケストラだけの提示部（オーケストラ提示部）と、ソロが加わる提示部（ソロ提示部）の2重構造となることです。つまり、まずオーケストラだけで提示部を一通り演奏し、ソロ楽器の登場を準備します。それから女王様のようにソロが登場し、「協奏」を展開するのです。

具体的な例を見てみましょう。下にモーツァルトのピアノ協奏曲を4曲挙げてあります。ここで注目すべきは第2主題の配列です。典型的な協奏風ソナタ形式の例は第23番イ長調です。オーケストラ提示部の第2主題がそのままソロ提示部でも、再現部でも受け継がれるのです。ところがここでモーツァルトは創意あふれる工夫をしました。

モーツァルトの「協奏風ソナタ形式」の構造

第1楽章の構造を比較すると…

	オーケストラ提示部	ソロ提示部	展開部	再現部
第20番ニ短調 K466 (1785)	I （II）	I （II） II		I （II） II
第21番ハ長調 K467 (1785)	I II	I III		I III II
第22番変ホ長調 K482 (1785)	I II	I III		I II III
第23番イ長調 K488 (1786)	I II	I II		I II

まず第21番ハ長調を見てみましょう。オーケストラ提示部の第2主題は、ソロ提示部では出てきません。第3主題ともいうべき旋律がピアノ・ソロに出るのです。そして、驚くべきことに、再現部では第3主題の後に、あの第2主題がかえってくるのです。モーツァルトは教科書から逸脱したような書き方を楽しんでいるかのようです。

次の第22番変ホ長調はどうでしょう。

再現部では、何と第21番と逆の順番で主題が出てきます。まるで音楽で遊んでいるようなモーツァルトの書き方ですが、そこには心地よい不意打ちと、思いがけない美がしかけられているのです。

「第2主題に注目」。これがモーツァルトのピアノ協奏曲を楽しむ秘訣！

絶妙なバランス感覚

そして第20番ニ短調でも特別な工夫がされています。オーケストラ提示部の33小節目に、休符の後で、第2主題らしきものが現れます。「らしきもの」というのは、期待されたであろう**平行調**（→p.137）のヘ長調は、ほのめかされたにすぎず、すぐにニ短調へ戻ってしまうか

らです。これはまるで「見せかけの第2主題」のようです（左ページでは（Ⅱ）で示しています）。そしてこの主題がソロ提示部で「本当の第2主題」を先導するのです。つまりソロ提示部では「見せかけの第2主題（Ⅱ）」＋「本当の第2主題Ⅱ」となります。

CD 15 00:58〜 第1楽章 オーケストラ提示部 見せかけの第2主題

これは見せかけ？

へ長調?? ----------------→ ト長調(?) ----------------→ ニ短調

CD 16 00:22〜 第1楽章 ソロ提示部 本当の第2主題

見せかけの第2主題のあとに本当の第2主題が登場！

へ長調

どうしてこんなことをしたのでしょう。おそらくは、主役の登場を準備するオーケストラ提示部が、冗長になってはならないからです。そもそもオーケストラ提示部の長さは、短すぎると準備が足りず、長すぎると冗漫になるという、微妙なものがありました。とくに長すぎると、主役のお株を奪うようなことにもなりかねません。そこでモーツァルトはオーケストラ提示部を必要最低限の長さに切りつめ、緊張感を保つために、「本当の第2

主題」を省いたと考えられます。それは絶妙なバランス感覚でした。

ちなみにベートーヴェンのピアノ協奏曲第3番ハ短調とショパンのピアノ協奏曲第1番ホ短調では、オーケストラ提示部で第2主題を長調で出してしまったために、いくぶん冗漫となった感があります。長調から再び短調に戻るには、それなりの長さが必要になってしまうからです。またブラームスはヴァイオリン協奏曲ニ長調でモーツァルトの第20番と同じやり方を採用しました。その成果の素晴らしさ！ 比較して聴いてみるとよいでしょう。

第2楽章と第3楽章の形式

続いて、第20番の第2楽章、第3楽章を見てみましょう。

第2楽章

「ロマンツェ」*と題された第2楽章は、変ロ長調、ＡＢＡ'の三部形式の楽曲です。Bはト短調となり、Aと調性的に対比づけられています。A'はAを切りつめて再現しています。

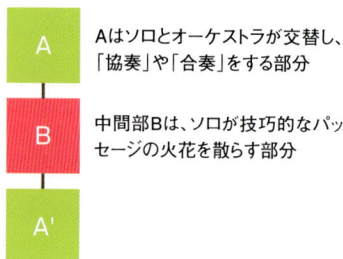

A

B

A'

Aはソロとオーケストラが交替し、「協奏」や「合奏」をする部分　CD 17

中間部Bは、ソロが技巧的なパッセージの火花を散らす部分　CD 18

第3楽章

第3楽章「アレグロ・アッサイ（非常に速く）」はソナタ形式を土台としながら、精妙かつ自在に構成するモーツァルトの天才ぶりがよく発揮されています。全体の構造は次のようになります。

第3楽章　全体の構造

	提示部						
CD 19	CD 00:00~	CD 00:54~	CD 01:20~				
小節	1	63	74	92	139	168	196
主題	第1主題	見せかけの第2主題	第1主題	第2主題		コーダ主題	第1主題
調性	ニ短調	ニ短調	ニ短調	ヘ短調→ヘ長調		ヘ長調	ニ短調

ここでも第1楽章の「見せかけの第2主題」のような発想を見出すことができるかもしれません。第1主題のあとに出る主題は、調性的には第2主題ではありませんが、主題としてはっきりしているために、「見せかけの第2主題」のように、聴き手を惑わすのです。

まとめ

シンコペーションで揺れる不安な開始、炸裂するトゥッティ**とみなぎる緊迫感、千両役者たるピアノの登場。ピアノ協奏曲第20番ニ短調は聴くべきところの多い名協奏曲です。そこに協奏曲の原理である「対立」と「協調」の間の、あらゆる段階が盛り込まれているのは、い

　*ロマンツェ…もとはスペインの物語文学に由来する言葉。18世紀には叙情的な器楽曲に用いられた。

飛翔する音楽

第3楽章におけるモーツァルトの構成の面白さは次のようになります。

❶第1主題は何度も現れ、同一の主題が循環するロンドのように聞こえます。なおロンド形式（→p.100）は協奏曲の一般的なフィナーレ（最終楽章）の形式です。

❷ソナタ形式としてみると、再現部は第2主題から始まります。第1主題はその前の部分で展開され、何度も出ているため、省いたと考えられます。

❸168小節目からの展開部と思われていた部分は、じつは再現部の始まりかもしれません。ただし、展開的な要素を含む再現部ということになります。

❷と❸はどちらが正解というわけではありません。モーツァルトは楽想をただ並列するのではなく、多層的・多義的に組み立てているのです。

第3楽章はソナタ形式のプランがいかに柔軟であるか、そして形式を扱うモーツァルトの手腕がいかに自在であるかをよく示しています。まるで自由に飛翔する音楽がそのまま形をなしたかのようです。

展開部		再現部				コーダ	
展開部＋再現部							
230	271	302	345	346	354		428
見せかけの第2主題の展開（第1主題の展開）	見せかけの第2主題の展開	第2主題	コーダ主題	カデンツァ	第1主題	コーダ主題	
イ短調	ト短調	ニ短調	ニ短調		ニ短調	ニ長調	

うまでもありません。しかしモーツァルトの絶妙な形式感覚にも注目すべきです。協奏曲といういわば「音の遊び」ともいえる音楽で、戯れるように筆を運びながら、研ぎ澄まされた形式感覚を発揮するモーツァルト。やはり彼はミューズに愛された天才だったのかもしれません。

CD 15 第1楽章 冒頭

シンコペーション

「切分音」と訳されるシンコペーションとは、拍子の秩序を乱すリズム法をいいます。上の例では、1小節目の2つ目以降の音は、正規の拍からずれています。次の小節の強拍もぼかされ、拍子もよくわかりません。シンコペーションはリズムの規則的な流れを乱すため、音楽を淀ませ、不安定にするのです。

＊＊トゥッティ…総奏。演奏者全員が同時に奏すること。

133

交響曲の神髄とは？
器楽の頂点を極める

♪ベートーヴェン　交響曲第5番 ハ短調《運命》

「クラシック」とは、時代を超えてお手本となるような第一級の作品を意味します。作曲家なら「音楽とは何か」を考えるときに、避けては通れないような作品です。そうした意味で、ベートーヴェンの音楽こそはクラシックといえるでしょう。彼は古典派音楽を完成させたといわれています。それはどのような音楽だったのでしょう。

ベートーヴェンの交響曲に聴き入る聴衆たち
（19世紀中頃）

器楽の最高峰としての交響曲

「交響曲」はオペラなどの幕開けを告げる「シンフォニア」（→p.105）から発し、コンサートの開始と終了を飾る音楽として定着しました。モーツァルトの初期の交響曲はまさにそうした役割を果たしており、自分が出演するコンサートの最初と最後に置かれる楽曲として作曲されました。しかし、35歳の生涯で、モーツァルトは交響曲を器楽の最高峰へと押し上げ、1788年に作曲された「三大交響曲」*は、続く作曲家にとっての規範となりました。交響曲の歴史は、コンサートを縁どる楽曲から主要なレパートリーへの、すなわち「額縁（がくぶち）」から「絵」への移行を示すといえるでしょう。

創作期間:1759頃-1795年
- 番号が付いているもので104曲を作曲
- 「交響曲の父」と呼ばれる
- 交響曲の形式を確立

ハイドン

創作期間:1764-1788年
- 番号が付いているもので41曲を作曲
- 交響曲を器楽の最高峰へ
- 「三大交響曲」を作曲

モーツァルト

創作期間:1799-1824年
- すべて番号付きで、9曲作曲
- 交響曲を「全人格を投入すべきもの」へ

ベートーヴェン

＊交響曲第39、40、41番のこと。

ハイドンも生涯の多くを交響曲の創作に費やし、104曲を遺しました。ベートーヴェンが作曲した9曲に対して、圧倒的な数です。しかし両者を単純に比較することはできません。ハイドンが交響曲の最初期の段階から創作を始めたのに対し、ベートーヴェンの交響曲はモーツァルトとハイドンの偉大な作品が前提となっているからです。「交響曲の概念」を確立するプロセスのなかでの試みと、確立後の創作の違いということになります。

ベートーヴェンにとっては、交響曲は試行錯誤が許されるジャンルなどではなく、**作曲家として、人間としてのすべてを投入すべき音楽**でした。数が減るのは当然なのです。

《運命》交響曲

すでに1800年に完成した交響曲第1番ハ長調から、ベートーヴェンは交響曲が器楽の最高峰であることを意識していました。しかし、そこにはまだ先人の影響が色濃く残っているのも事実です。ベートーヴェンが、そして交響曲が偉大な飛躍を遂げるのは、交響曲第3番《英雄（エロイカ）》（1803）です。前年の1802年には、有名な「ハイリゲンシュタットの遺書」が書かれ、作曲家にとって致命的な耳の病気が告白されています。こうした苦悩のなかで、ベートーヴェンは「これまでの創作には満足していない。これからは新しい道を行く」というのでした。1802年を分水嶺として、それ以前をベートーヴェンの創作段階における「初期」、それ以後1808年頃までを「中期」ということがあります。「新しい道」は中期の偉大な芸術へ通じたのです。

…ぼくは絶望し、もう少しで自殺するところだった。だが、芸術がぼくを引き止めた。自分に課せられている創造を、やり遂げずに死ぬことはできないと考えたのだ…

ハイリゲンシュタットの遺書

ベートーヴェン
（1770-1827）

ベートーヴェンの中期、それはクラシックの代名詞ともいえる作品が精力的に生み出された時期です。この時期の作品には「**暗黒から光明へ**」という特徴があります。聴力を徐々に失うという運命に打ちひしがれながらも、苦悩をはねのけねばならないベートーヴェン自身の体験の音楽化が、「暗黒から光明へ」だったといえるでしょう。それは「**苦悩を通しての歓喜**」の表現なのです。そうしたきわめてベートーヴェン的な中期の傑作群の中核にあるのが、**交響曲第5番ハ短調《運命》**です。

第1楽章の全体像

《運命》交響曲の第1楽章は典型的なソナタ形式（→p.122）で書かれています。図示してみましょう。前項の《フィガロの結婚》の六重唱曲で確認したソナタ形式の器楽版であり、短調版です。

まず全体の構成は提示部（124小節）、展開部（123小節）、再現部（125小節）、そしてハイドンやモーツァルトではあまり見られない、独立したコーダ（130小節）となります。これらの小節数がかなり近似していることにお気づきでしょうか。明らかにベートーヴェンは、ソナタ形式の各部分のバランスを整え大きさを定めて、作曲しています。

提示部（124小節）		展開部（123小節）
CD 20 00:00〜	CD 00:46〜	CD 21 00:00〜（再現への移行）
第1主題	第2主題	ダダダダーン♪
ハ短調 ──平行調── 変ホ長調		転調

ベートーヴェン以前の交響曲では…

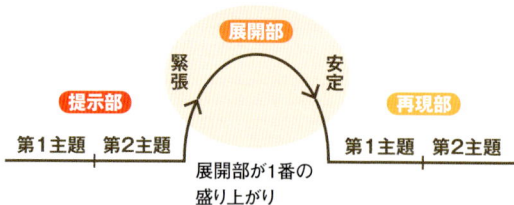

展開部
緊張　安定
提示部　　　　　　　　　　　再現部
第1主題　第2主題　　　　　　第1主題　第2主題
展開部が1番の盛り上がり

しかし《運命》では…

コーダ
展開部　　　　　　　　再現部　　　　緊張
提示部　緊張　安定
第1主題　第2主題　　　　第1主題　第2主題
盛り上がり　　　　　　　　　コーダが1番の盛り上がり

再現部で安定するものの、コーダでさらに緊張し、第1楽章は閉じられる

調性③ 近親調（きんしんちょう）

曲の調は調号によって表されます。たとえば♯がひとつだと、ト長調かホ短調です。このように調号は対になる長調と短調を示しており、これらを「平行調」といいます。また♯がひとつ増えると「属調」、♭がひとつ増えると「下属調」となります。以上のような調を「近親調」といいます。共通音が多く、もっとも移動（＝転調）しやすい調性の範囲です。調号の♯や♭は数が増えれば増えるほど、もとの調から離れていくことになります。

曲の「主調」となるハ短調に対して、第2主題は、提示部では「平行調」の変ホ長調、再現部では「同主調」のハ長調となります（下のコラム参照）。第1楽章で最終的に短調の暗さを晴らし、解決するのは、再現部の第2主題となります。

しかしその後に再び短調へ転じるコーダが来ます。再現部の第2主題で音楽があまりにも解決されすぎ、安定するのをベートーヴェンは望みませんでした。

コーダでは90小節にもわたってフォルテが続きます。ソナタ形式でもっとも緊張度が高いのは、転調を繰り返す展開部で、普通音楽が一番盛り上がるところです。ところがベートーヴェンはクライマックスをコーダに置いたのでした。

ソナタ形式の各パーツの大きさが均衡している

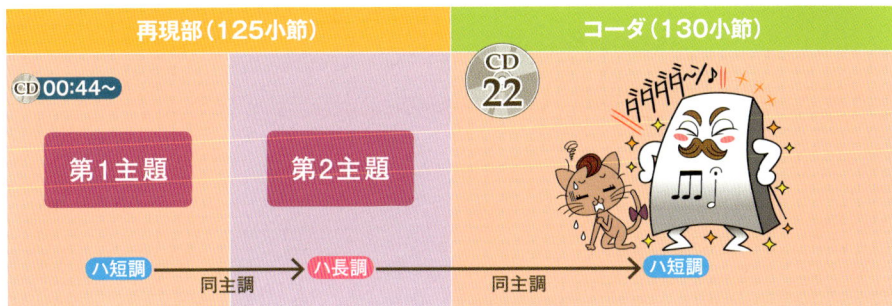

再現部（125小節）		コーダ（130小節）
CD 00:44〜		CD 22
第1主題	第2主題	

ハ短調 → 同主調 → ハ長調 → 同主調 → ハ短調

楽典Column

#系の調

♯ → ♯♯ → ♯♯♯

| ト長調 | 属調 | ニ長調 | 属調 | イ長調 |
| ホ短調 | | ロ短調 | | 嬰ヘ短調 |

♭系の調

♭ → ♭♭ → ♭♭♭

| ヘ長調 | 下属調 | 変ロ長調 | 下属調 | 変ホ長調 |
| ニ短調 | | ト短調 | | ハ短調 |

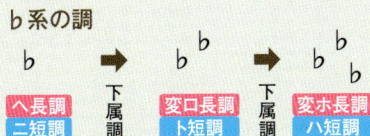

近親調にはもうひとつあります。《運命》を例にとると、曲の主調となるハ短調に対して、再現部の第2主題はハ長調となります。ハ短調と主音が同じで、長調となったこの調は「同主調」と呼ばれ、これも近親調です。同主調のハ長調は、ハ短調を「長調化」し、ハ短調を解決する調といえます。

近親調（例：ハ短調）

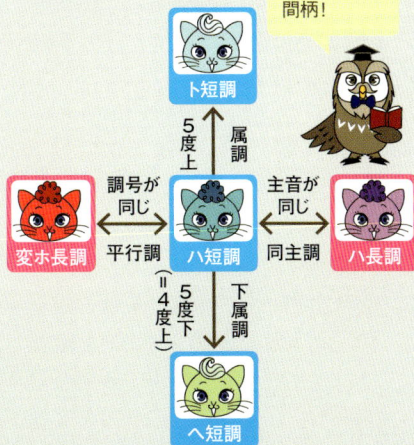

転調しやすい間柄！

ト短調

5度上 ↑ 属調

変ホ長調 ← 調号が同じ / 平行調 → ハ短調 ← 主音が同じ / 同主調 → ハ長調

5度下（＝4度上）↓ 下属調

ヘ短調

運命のノック

交響曲第5番の《運命》というタイトルは、弟子のシントラーが伝えるベートーヴェンの言葉「運命はこのように扉をたたく」によるものです。曲のあのあまりにも有名な開始は、その状況を見事に音楽化しているようです。というのも、何の前触れもなく、何かはっきりとしないものが、大きな存在感をもって、飛び込んでくるからです。それがどのように表現されているか、譜例で確認してみましょう。

CD 20 00:00〜 第1楽章 冒頭

「運命の動機」は断片的で、序奏もなくいきなり奏される

… 何の前触れもなく

Allegro con brio

| クラリネット |
| 第1ヴァイオリン |
| 第2ヴァイオリン |
| ヴィオラ |
| チェロ |
| コントラバス |

弦を主体とした楽器法は個性的な音色をもたない

曲の冒頭から、異例ともいえるフォルティッシモが指示される

休符から始まり、不安定に次の小節の頭へ流れ込む

何かはっきりしないものが　　　大きな存在感をもって　　　飛び込んでくる

運命の鉄槌（てっつい）が下される瞬間は、まさにこういう状況ではないでしょうか。

第1楽章開始の後、「運命の動機」が全声部で怒濤（どとう）のように浸透し、音楽が展開していきます。これはハイドンが開発した「主題労作」（→p.119）のもっとも鮮烈な例です。

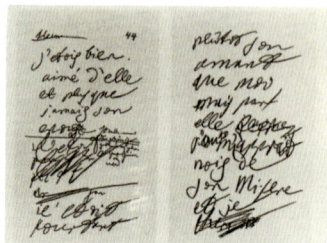

ベートーヴェンは、聴力を失ったあと、このような会話帳を使用していた

第2主題へ

《運命》交響曲では、旋律的なまとまりをもった第1主題はなく、「運命の動機」だけが提示され、細胞のように増殖していきます。その頂点で休符が訪れ、ホルンが印象的なフレーズを吹きます(再現部はファゴット)。それに導かれて第2主題が登場します。柔和な表情をもつ旋律です。

ホルンのフレーズは「運命の動機」と第2主題の「つなぎ」「橋渡し」ということになります。そのためにベートーヴェンは、「運命の動機」のリズムから入り、音程は第2主題を先取りしています。

つまりホルンのフレーズは音楽的に両者を結びつけ、音楽が断絶しないようにしているのです。こうして第2主題へのスムーズな移行が図られます。しかしよく指摘されるように、第2主題の下でもバスが「運命の動機」を奏しています。こうして第1楽章は「運命の動機」の圧倒的な支配下に置かれます。

CD 00:41～ 第1楽章 第2主題の登場

*ここでは実音で示しているが、ホルンは移調楽器なので、実際のスコアでは6度上に記譜されている。

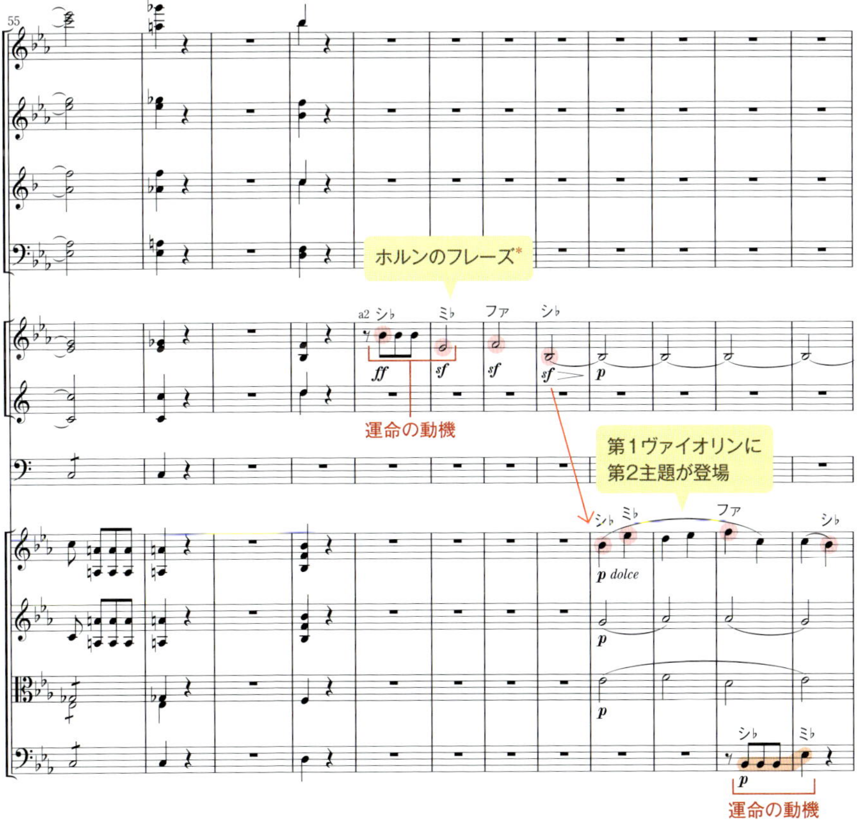

《運命》全体の有機性

　《運命》は交響曲の定型どおり、全部で4楽章からなります。
全体の構想はどのようになっているのでしょうか。

　第2楽章は A₁ B A₂ B A₃ B A₄という構造で、変化するAと変化しないBが交替します。そして緩徐楽章としては珍しくトランペットとティンパニが用いられ、Bの部分でこれらの楽器が活躍します。にわかにハ長調へ転調し、ファンファーレを奏でるのです。

CD 23 ハ長調のファンファーレ

(31)

sempre ff　　　*sf*

第1楽章 *Allegro con brio* 「快速に、生き生きと」 ハ短調	第2楽章 *Andante con moto* 「歩くような速さで、動きをもって」 変イ長調	第3楽章 （スケルツォ） *Allegro* 「快速に」 ハ短調	→ アタッカ*	第4楽章 *Allegro* 「快速に」 ハ長調
もっとも典型的な ソナタ形式の楽章 ドラマティックな音楽	遅い楽章で、 「歌」の音楽	伝統的には踊りの音楽として、宮廷舞曲であるメヌエットが置かれたが、ベートーヴェンはここに「冗談」を意味する「スケルツォ」という楽章を採用		全体をまとめ、結論となる最後の音楽

　第3楽章スケルツォでは、再びハ短調に戻りますが、中間部のトリオはハ長調となります。スケルツォでは、第1楽章の「運命の動機」が回帰します。ただし、ここでは冒頭のあの不安定なたたずまいはなく、3拍子の拍にぴったり合った、堂々たる歩みです。

CD 24 スケルツォの「運命の動機」

71

f

CD 25 トリオ主部

(140)

　第4楽章は前の第3楽章と連続して演奏されます。両楽章の間には長い「トンネル」のような部分が置かれ、それを通り抜けたところで第4楽章が始まります。まばゆいばかりのハ長調の光のなかで、凱旋を告げるファンファーレが鳴り響くのです。

CD 26 00:09～ 第3楽章から第4楽章への移行

第3楽章 → すぐに第4楽章 →
Allegro

372

(cresc.) - - - - - - - - - *ff* ファンファーレ主題

　＊アタッカ…間を置かずに、続けて演奏すること。

そして《運命》交響曲の4つの楽章は、次のように互いに結びついています。

> 第1楽章の「細胞」ともいうべき「運命の動機」は第3楽章にも登場し、第1楽章と第3楽章が結びつきます。

> 第3楽章と第4楽章は「アタッカ」でつながっています。
> 第3楽章スケルツォの中間部トリオの旋律（ハ長調）は、第4楽章のファンファーレ主題と関連づけられ、第4楽章を予感させます。

| 第1楽章 | 第2楽章 | 第3楽章 | → アタッカ | 第4楽章 |

> 第2楽章に鳴り響く異例ともいえるハ長調のファンファーレは、第4楽章を予告し、第2楽章と第4楽章が結びつきます。

第2楽章のファンファーレ
(31)

sempre **ff**　　　　　　　*sf*

第4楽章のファンファーレ

第3楽章のトリオ
(140)

以上のように、4つの楽章の間には何重にも伏線が張り巡らされています。こうした有機的な関連づけが、曲に強固な一体性をもたらしているのです。

まとめ

4つの楽章は「そうでなければならない」位置に置かれ、置き換え不可能な、抜き差しならない関係にあります。ここに「形式の完成」を見ることができます。

さらに4楽章の構成において、基本的に短調は「運命の動機」に、長調は「勝利のファンファーレ」に結びついています。第3楽章は第2楽章で長調に傾きかけた音楽を再び短調へ連れ戻します。そして第3楽章から第4楽章への「トンネル」部分では真っ暗な坑道を進むうちに、

小さな「希望の光」が射し込み、徐々に大きくなり、第4楽章の圧倒的な勝利の出口へと至ります。これは「短調から長調へ」、つまり「暗黒から光明へ」、あるいは「苦悩を通しての歓喜」の決定版にほかなりません。

《運命》交響曲では、形式の完成と「苦悩を通しての歓喜」の表現が、表と裏のような関係で一体化し、完璧に釣り合っています。「形式」と「表現」の一致、これこそ古典的芸術の証といえます。

古典派

市民のための音楽

　ウィーン古典派を代表する作曲家は、ハイドン、モーツァルト、ベートーヴェンです。彼らの音楽は「クラシック中のクラシック」として芸術音楽の最高峰とみなされています。しかし、古典派はバロックのすぐ後にやってきたのではなく、過渡期ともいえる時代があったことを忘れてはなりません。それまで神と貴族のために作曲され、演奏されていた音楽が、この時期、市民の楽しみのためのものとなったのです。時代にふさわしいい方をすれば、これはまさに「革命的」な変化をもたらしました。それまで職業的な演奏家によって演奏されていた通奏低音は、市民には難しすぎるために、新しい様式が必要となります。こうして生まれた様式がホモフォニーでした。

ウィーンのケルントナートーア劇場（図版は1820年頃）
モーツァルトの多くのオペラが上演され、また1824年にベートーヴェンの《第九交響曲》が初演された劇場でもある

　しかしあまりにも過激な単純化は、音楽の質を著しくおとしめてしまったのでした。市民が音楽を楽しむようになって、音楽がわかりやすくなったのはいいことです。しかし「わかりやすい」は「内容がない」ことにもなりかねません。事実この時期に歴史に残るような作品は現れませんでした。音楽を再び芸術へと高めることは可能なのでしょうか。

旧体制をゆさぶったナポレオン

市民に開かれたコンサートホール
（1793年、ドイツ・マンハイム）

「平明で深い」音楽

　この課題に対して、ハイドンは、ホモフォニーにポリフォニーの要素を融合させる、という方法論を編み出しました。この方法は古典派への展望を開くものでした。同じ頃、モーツァルトも、バッハの影響のもとで、ポリフォニーがもつ重要性と可能性に目覚めたのでした。以後、

《魔笛》の舞台画（1793年）

ハイドン
（1732-1809）

モーツァルト
（1756-1791）

モーツァルトは古典派様式を完成させ、傑作を次々と生み出していきます。《フィガロの結婚》《ドン・ジョヴァンニ》《魔笛》などの名作オペラ、第39、40、41番のいわゆる「三大交響曲」、数々の協奏曲など、続く時代の規範となる作品です。それらは「平明で深い」という古典派芸術の粋ともいえる作品となりました。

そしてベートーヴェンへ

　ベートーヴェンはハイドン、モーツァルトが苦労して開拓した古典派様式をはじめから利用することができる立場にあり、さらにその可能性を最大限に拡大しました。しかしベートーヴェンの場合、耳の病気に見舞われるという特殊な状況が、創作に特別なエネルギーを注ぎ込んだようでした。彼の音楽にはしばしば強烈な

メッセージが込められました。数々の名作のなかでも究極の作品ともいえる《第九交響曲》では、初めて人声がとり入れられ、人類愛の理想が謳われます。それは音楽が芸術を超えて、宗教にさえ接近した瞬間でした。目覚めた近代人にとっての、感動と光に満ちた宗教そのものといってもいいでしょう。こうして《第九交響曲》は、後の作曲家にとって超えがたい作品として高くそびえ立つこととなったのです。

ベートーヴェン
（1770-1827）

ベートーヴェンの名声は、死後ますます高まることとなった。図版は1845年にドイツ・ボンでおこなわれたベートーヴェン記念像の除幕式を描いたもの

ウィーンでおこなわれたハイドンのオラトリオ《天地創造》の上演後の様子（1808年）。画面下、中央部分にはベートーヴェンがハイドンを祝福している様子が描かれている

憧れと恐怖
ロマン派の表現とは？
♪シューベルト バラード《魔王》

理想に燃えたフランス大革命が残したのは、混乱と失望でした。また不安定な社会に産業化と都市化が進み、古い共同体が失われるなかで、新しい芸術の思潮が生まれました。**ロマン主義**です。シューベルトの天才は、18歳にして、時代の根底にあるものを汲みあげ、表現したのでした。

(画：川島健太郎)

《魔王》とは誰か

シューベルトと文豪ゲーテの出会いは多くの名作歌曲を生み出しましたが、とくに《魔王》(1815)は時代を画する傑作となりました。ゲーテはヘルダーが紹介した北欧の民話に基づき、そこから自由な連想によって、劇的なバラード（物語詩）をつくりあげたのでした。日本語で「魔王」と訳されるドイツ語の"Erlkönig"は、"Erle"「ハンノキ」(山野の湿地に自生するカバノキ科の落葉高木)＋"König"「王」、つまり「ハンノキの王」という意味になります。一説によると、デンマーク語の「妖精たちの王ellerkonge」をヘルダーが誤訳して伝え、ゲーテがそれをそのまま使ったともいわれています。つまり、もとの意味は「妖精たちの王」だったというのです。

ゲーテ
(1749-1832)

シューベルト
(1797-1828)

名コンビによる名作歌曲

♪野ばら

♪糸をつむぐグレートヒェン

♪ガニュメート

♪さすらい人の夜の歌　など

ロマン派にとっての「森」

　ヘルダーが本当に誤訳したのか、なぜ「妖精たちの王」が「ハンノキの王」になったのか、真相はわかりません。ただいえることは、「森」はロマン主義にとっては特別な場所だったということです。そこは現実の悲惨と人間社会のわずらわしさが届かない場所です。また同時に、得体の知れない魔物が棲む地でもあります。だからこそ、**理性よりも感情、合理性より不合理**を好んだロマン主義者にとって、森は「聖地」でした。**憧れと恐怖が同時に存在する**というまさにその理由で、森は「ロマンの国」だったのです。

　ロマン派がもっとも好んだ楽器に**ホルン**があります。ウェーバーの《魔弾の射手》序曲の冒頭で、ロマン派の幕開けを告げるあの楽器です。ホルンは古くから狩猟に使われたため、伝統的に、森を連想させる楽器でした。《魔弾の射手》序曲の響きは、森からのこだまであり、ロマンの国からの誘いなのです。そしてその旋律が後に賛美歌として使われたことは、そこに聖なるものを聴きとる感性があったということでしょう。森を呼び起こすことによって、ホルンはロマン派の憧れをかき立てたのです。

　そして「ハンノキの王」が森を象徴する存在だとしたら、ヘルダーは誤訳したどころか、もとの言葉をロマン派の世界観へ正確に移し代えたのかもしれません。

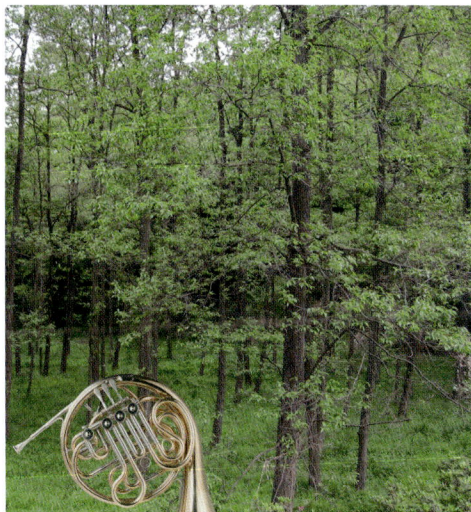

ホルン　　　　　　　ハンノキの森

憧れと恐怖

　それにしても「憧れと恐怖が同時に存在する」というのは、何か《魔王》に通じるものがあります。というのも「魔王」は魅惑者であり、死に神のようでもあるからです。この魅惑的な甘美さとぞっとする恐怖の混合物というイメージは、根づき始めた新しい市民社会とぴったりと対応していたのかもしれません。という

のも、旧体制から解放され、古いモラルの束縛から解かれることは、自由への魅力的な「誘惑」にほかなりません。しかし、新たな共同体から足を踏みはずすことは、「恐怖」以外の何ものでもないのです。個人の自由への憧れは孤立という恐怖と紙一重なのです。

シューベルトの《魔王》の構想

　じつはシューベルト自身がそんな生活をしていたのでした。小市民的な良識を嫌い、父親の家のビーダーマイヤー*的な居心地のよさを飛び出し、「さすらい人」を地でいく生活です。みずからのなかに棲む嵐のような衝動と、臆病といえるほど善良な性格。彼を引き裂く矛盾はロマン派そのものでした。結局、生活は破綻し、シューベルトは31歳の若さで亡くなります。おびただしい宝石のような音楽を遺して。

　そんなシューベルトがゲーテの《魔王》に強く惹かれたことはいうまでもありません。作曲の現場に居合わせた友人の証言によると、「詩を読みながら部屋のなかを歩き回っていたかと思うと、突然、机に向かい、あっという間に曲を書きあげてしまった」といいます。彼はどんな構想をもって、作曲に臨んだのでしょう。

　《魔王》の登場人物は4人です。このうち最初と最後に出てきて場面を設定するナレーターをはずすと、主要なキャラクターは3人ということになります。「父親」「息子」「魔王」です。以下、息子を誘惑しようとする魔王、抗い逃れようとする息子、事態がまるで呑み込めていない父親の三者三様の息づまるようなドラマが展開されます。図示してみましょう。

> 猫なで声の魔王、こわい…

3人のキャラクター展開図

CD 27	16小節 CD 00:21〜	37小節 CD 00:53〜	42小節 CD 01:01〜	52小節 CD 01:15〜	58小節 CD 01:24〜	73小節 CD 01:47〜
魔王	ナレーション 夜の闇と風の中、馬を走らせるのは誰だ？ それは子供を抱えた父親。子を腕にしっかりと抱き、温かく包んでいる			「可愛い子 おいでぼうや」 変ロ長調		
息子		「お父さん 見えないの？ 魔王がいるのが」 ハ短調 → 変ロ短調			「お父さん 聞こえないの？ 魔王が 話しかけてくるのが」 ト短調	
父親	「息子よ 何をこわがって 顔を隠すのだ」 ト短調？ → ハ短調	「息子よ あれは霧だよ」 変ロ短調？ → 変ロ長調				

*ビーダーマイヤー…1815年の反動的なウィーン会議から1848年の三月革命までの間に、中産階級が好んだ保守的で、小市民的な生活様式。

146

ここで重要なのは調性です。調性はバロックでは「変化」の要素であり、古典派では「劇」の契機となったのでした。ここでは調性は登場人物の性格を表現する手段となったのです。

こうして、最初から最後まで怯えっぱなしの息子には短調が、猫なで声で息子を誘惑しようとする魔王には長調が与えられます。当然の選択でしょう。

ただし、抵抗する息子に業を煮やし、正体を露わにする瞬間に、魔王は短調へ転じます。闇の国の住人は短調こそがふさわしいのです。

楽典Column

長三和音と短三和音

「明るい」長三和音と「暗い」短三和音はすぐに聞き分けられます。たとえば「ド・ミ・ソ」は長三和音で、「ミ」を半音下げた「ド・ミ♭・ソ」は短三和音となります。つまり「ド」と「ミ」の音程が半音短くなると、短三和音となるのです。長三和音は「明るい」だけでなく、「うれしい」「安定」、また短三和音は「暗い」だけでなく、「悲しい」「不安定」といったイメージと結びつきやすくなります。その延長線上にこれらを主和音とする長調に「希望」、短調に「絶望」といった表現が示唆されることになります。

魔王が本性を表した!

81小節	87小節	98小節	106小節	117小節	124小節	133小節
CD 01:58〜	CD 02:09〜	CD 02:25〜	CD 02:37〜	CD 02:54〜	CD 03:05〜	CD 03:18〜

「可愛い子　ねえ　ダンスへ連れていくよ」
ハ長調

「大好きだ　連れてくぞ!」
変ホ長調 ➡ 二短調

「お父さん　見えないの?　魔王の娘たちが」
イ短調

「お父さん　魔王が僕をつかんだよ!」
変ロ短調? ➡ ト短調

「静かに　息子よ　あれは枯れ葉だ」
ロ短調 ➡ ト長調

「息子よ　あれは柳だ」
嬰ハ短調? ➡ 二短調

ナレーション
父親はぞっとして急いで馬を走らせた。
屋敷へたどり着くと、息子は息絶えていた…

高まる調の構想

　さらに以上のやりとりを「息づまる」ものとしているのも、調性です。下の図を見てください。調の移り変わりを、調の主音で示してあります。たとえば魔王は3回、息子を誘惑しますが、そのたびに調が上昇するように書かれています。誘惑が徐々に熱を帯び、勢い込むことになります。これに対して、助けを求める息子の叫びも —— 過激な不協和音で書かれていますが —— だんだん高まり、最後は悲鳴となります。

　シューベルトの構想は完璧です。この4分あまりのバラードには一瞬のたるみもありません。全曲に漲る緊迫感は、このような調性の配置によってもたらされているのです。

魔王の誘惑	58小節「おいでぼうや」変ロ長調	87小節「ダンスしようよ」ハ長調	117小節「大好きだ」変ホ長調
息子の叫び	73小節「お父さん聞こえないの?」ト短調	98小節「お父さん見えないの?」イ短調	124小節「お父さん 魔王が僕をつかんだよ!」変ロ短調

父親の心理を描く

　魔王には長調を、息子には短調を配したあと、性格を表現するためにシューベルトが使える手段はもうなかったはずです。しかし、もうひとりのキャラクター、父親がいます。

　ここで右ページの譜例を見てみましょう。父親の最初の登場の場面です。ピアノの右手が全曲を貫く三連符のリズム —— 吹きすさぶ嵐の描写でしょうか、それとも蹄（ひづめ）の音か —— を「ソ」の音で連打しているところへ、父親が「息子よ、何をこわがって顔を隠すのだ」と歌います。旋律の出だしは「レ」と「ソ」を繰り返しますが、三和音を形成する肝心の音がありません。つまり第3音がないのです。第3音は「性格音」ともいわれ、和音の性格を決定する音です。つまり「シ♭」ならト短調の和音が響き、「暗い」短三和音となります（この曲の場合、キーとなる和音ですから、こちらが期待されるでしょう）。「シ」なら「明るい」長三和音となるのです。

父親の登場場面

CD 27 00:53～

(楽譜)

三連符のリズム

ソソソソソソ

pp

ト短調

Mein Sohn, was

シもシ♭もないため、ト長調ともト短調ともいえない

birgst du so bang dein Ge - sicht?　　　　Siehst,

cresc.

シ♭　シ　ド

f　(pp)

ト短調？　でも　ハ短調

第2章

Part 4 ロマン派の音楽①

　ところがシューベルトは第3音を出さず、和音の性格を曖昧（あいまい）にしたまま、旋律はハ短調へ向かってしまいます。

　2回目の登場も同じようです。そして3回目では「静かに、静かにするんだ、息子よ」というフレーズでは口短調からホ短調へ動き、「あれは枯れ葉だ」というと、ト長調へ転じます。要するに、短調と長調をいつもさまよっているのです。

　こうしてシューベルトの構想の全体像が明らかとなります。「魔王には長調」を、「息子には短調」を、そして「父親にはそのどちらでもないか、またはどちらかをさまよっている」調設定としたのです。

第3音によって、長調か短調か決まるのじゃ

まとめ

　父親の新しい調設定は、息子が怯（おび）えきっているのに、理由がまるでわからないという「不安」の表現だったのです。不安定な調性が心理の不安となったのです。こうして、ベートーヴェンの「暗黒から光明へ」のような、長調と短調の「明暗」の世界に対して、どちらともつかない、あるいは両方を織り交ぜたようなグレー・ゾーンが開拓されたのでした。それはロマン派がみずからを託すことになる表現領域でもありました。そしてシューベルトの天才的な着想で描き出された父親の心理は、時代全体の不安の表現でもあったのでしょう。

149

彼女の幻影を求めて…
「固定楽想」が描く怪奇な世界
♪ベルリオーズ《幻想交響曲》

バロックの**リトルネッロ形式**（→p.92）、古典派の**ソナタ形式**（→p.122）に対して、ロマン派も独自の形式を生み出しました。前の時代の形式が音楽を調性などの音楽的な要素で構成しようとしたのに対し、ロマン派の新しい形式は「音楽外的なもの」を形式的支えとしました。つまり文学的なストーリーや詩的想念、あるいはある情景から音楽を導き出すのです。このような音楽を「**標題音楽**」といい、それを先導したのがベルリオーズでした。

ベルリオーズ作品の大音響を揶揄した
風刺画『砲弾の演奏会』（1845年）

自伝的交響曲

ベルリオーズは、開業医であった親の後を継ぐために、医者としての道を歩むはずでした。しかし医学の実習でパリ大学を逃げ出し、19歳でパリ音楽院に入学、作曲家を志しました。その4年後、ベルリオーズはイギリスから来たシェークスピア劇団との運命的な出会いを果た

します。『ロミオとジュリエット』のヒロインを演じた、ハリエット・スミスソンへの激しい恋に落ちたのです。しかしベルリオーズの一方的な求婚は拒絶されます。売れっ子の女優が、得体の知れぬ若者の思いを、受け入れるはずもありませんでした。とはいえ、この経験から画期的な音楽が生み出されたのでした。

ベルリオーズ
（1803-1869）

ハリエット・スミスソン
（1800-1854）

失恋からどんな作品が
生まれたのかしら？

固定楽想

「ある芸術家の人生のエピソード」という副題をもつ《幻想交響曲》のスコアには、次のように記されています。

> 鋭い感受性と豊かな想像力に富んだ若い音楽家が、恋に絶望して、アヘンによる服毒自殺を図る。麻薬は致死量には達しなかったが、重苦しい眠りのなかで、彼は一連の奇怪な幻想を見た。その病んだ脳のなかで、感覚、感情、記憶が、ある想念となり、そして音楽的なイメージとなって現れる

ここでいう「若い音楽家」とはベルリオーズその人にほかなりません。彼の失恋体験がもたらした「音楽的イメージ」が１曲の交響曲となったのでした。それが《幻想交響曲》なのです。

スコアに記されたベルリオーズの言葉は、さらにこう続きます。

> …愛する人、その彼女が、ひとつの旋律となって、そしてあたかもイデー・フィクス idée fixe のように現れ、そこかしこにつきまとい、耳を離れない

ある旋律が特定の何かを表し、これが繰り返し現れるというベルリオーズの手法は、後の作曲家に影響を与えた

「固定楽想 idée fixe」（idée は一般的に「観念」とも訳されますが、音楽用語では「楽想」となります）とは、いくつかの楽章や部分で固定して現れる「楽想」、あるいは多くの場合は「旋律」を意味します。《幻想交響曲》では「彼女」を表す旋律が設定され、彼女が登場する場面で現れるのです。こうして「固定楽想」は楽章を超えて「固定」した形で循環することになります。

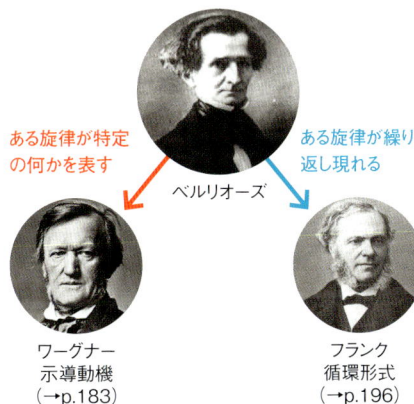

ある旋律が特定の何かを表す

ベルリオーズ

ある旋律が繰り返し現れる

ワーグナー
示導動機
（→p.183）

フランク
循環形式
（→p.196）

《幻想交響曲》全体の流れ

第1楽章「夢、情熱」 → 第2楽章「舞踏会」 → 第3楽章「田園の情景」 → 第4楽章「断頭台への行進」 → 第5楽章「サバトの夜の夢」

《幻想交響曲》の成功は、この「固定楽想」を創り出したことにあったといえます。それがどのように機能するのか、実際に見てみることにしましょう。

全曲を通して「彼女」はどのように表れるのかな？

第1楽章「夢、情熱」

第1楽章は「夢、情熱」と題されています。全体はハ短調のゆったりした「ラルゴ（緩やかに）」と、ハ長調の「アレグロ（快速に）」からなります。明らかにラルゴは「夢」の部分といえるでしょう。作曲者のプログラムによると、

はじめに、彼女と出会う前の感情、すなわち魂の不安を、漠然とした情熱を、メランコリーを、わけもなくこみ上げる喜びを、彼は感じる

とあります。ラルゴは彼女の出現以前の、しかし出会いを予感させる部分です。音楽は転調を繰り返し、やるせない音調を醸し出し、憧れと不安が交錯します。

そして最後に調性のさまよいに決着がつけられ、ハ長調に向かい、アレグロに入ります。そこに出るのが「彼女の主題」である固定楽想です。

CD 28　第1楽章 固定楽想

Allegro agitato e appassionato assai
(71)
p　　　*poco*　*sf*

颯爽（さっそう）と登場する固定楽想は、彼女の出現を告げています。以後、この主題がさまざまに展開されていきます。楽譜にはアレグロに加えて、「アジタート・エ・アパッショナート・アッサイ（激して、かつきわめて情熱的に）」と付記してあります。タイトルの「情熱」の部分に入ったのです。

さらにベルリオーズはこう書いています。

それから彼女との出会いは、突然、爆発的な愛情を呼び起こす。そして発作的な嫉妬、優しい愛への帰還、宗教的な慰めに達する

第1楽章は、最後に、安らかに消えていきますが、そこには「レリジョザメンテ（宗教的に）」という指示があります。賛美歌で「アーメン」を唱える（とな）部分のハーモニー（「アーメン終止」→p.53）が繰り返し現れ、「宗教的な慰め」のうちに曲は終結するのです。

CD 29　第1楽章 最後のアーメン終止

511 **Religiosamente**

└─アーメン終止─┘　└─アーメン終止─┘　└──アーメン終止──┘

第2楽章「舞踏会」

とある舞踏会の華やかなざわめきのなかで、彼は再び愛する人に巡り会う

　第2楽章の場面は舞踏会の会場です。舞踏会は社交界へのデビューの場であり、出会いの場です。燦然（さんぜん）と輝くシャンデリアから降り注ぐ光を、2台のハープが描写し、ワルツが始まります。そこへ彼女の登場です。固定楽想は3拍子となります。微妙にシンコペートするリズムは、「彼女」のドレスが体から遅れてターンするようです。

CD 30 第2楽章 固定楽想

第3楽章「田園の情景」

夏の夕方、彼はふたりの牧人が羊飼いの笛でお互いに呼び合っているのを聴く

　プログラムどおり、曲はオーボエとイングリッシュ・ホルンの応答で始まります。
　しかし、彼の夢想のなかに彼女（固定楽想）が現れ、悪い予感が広がり、音楽は高潮します。

CD 31 第3楽章 固定楽想

　興奮から醒（さ）めて、脱力した彼の耳に、またあの羊飼いの笛が聞こえてきます。しかし今度はひとりだけです。孤独な静寂のなかで雷鳴が轟（とどろ）きます。不吉な未来を暗示しているのはいうまでもありません。ベルリオーズは「遠くで響く雷鳴」を描写するために、4つのティンパニを用い、低音で音を密集させ、不気味な効果をあげました。

第4楽章「断頭台への行進」

彼は夢のなかで愛した彼女を殺害した。死刑を宣告され、断頭台に引かれる。行進曲はあるときは陰鬱で荒々しく、またあるときは華麗で、厳粛に響く

第3楽章の最後の不吉な予感は夢で現実となります。ベルリオーズはここで金管楽器群──高音を補強するコルネット、トロンボーン、低音の金管楽器オフィクレイド（現在ではチューバが用いられます）──を新たに加え、シンバル、大太鼓、小太鼓といった打楽器も増強しました。行進曲を演奏するブラスバンドが設定されたのです。

これらの楽器はプログラムを描写するために加えられたのでしたが、第3楽章までの世界とは違う、華麗でスケール・アップされた音響へと突入することになります。現実から幻想世界へ飛翔したかのようです。

コルネット

トロンボーン

オフィクレイド

シンバル

大太鼓

小太鼓

特筆すべきなのは最後です。断頭台にたどり着き、ギロチンにかけられた哀れな主人公の首に、さっと刃が落ちる。その瞬間に「最後の愛の想いのように、固定楽想が現れるが、死の一撃によって断ち切られる」。つまり、主人公の首がはねられる直前のほんの一瞬に、愛する彼女の姿が閃いた(ひらめ)というのです。楽譜ではこうなっています。

CD 32 `00:08~` 第4楽章 固定楽想

最後の愛の想い

ギロチンで断ち切られる

(164)

pp dolce assai e appassionato

ff

首が転げ落ちる

オーケストラの全楽器が休止するなかで、クラリネットのソロが固定楽想を奏するのです。生の最後の瞬間にたちのぼった愛のほとばしり。フォルティッシモの打撃の後、弦のピチカートが断頭台から首が転げ落ちるのを描いています。

究極の表現を託されたクラリネットには、無謀ともいえる要求が突きつけられています。ピアニッシモで「ドルチェ・アッサイ・エ・アパッショナート（きわめて甘美に、かつ情熱的に）」。「きわめて甘美」であることと「情熱的」であることは、矛盾しているようであり、それを最弱音で表現するのは、限りなく不可能に近いというべきでしょう。しかし《幻想交響曲》最大の聴きどころであることは確かです。

大迫力!《幻想交響曲》の巨大な楽器編成

	ベートーヴェン 交響曲第5番《運命》（1808年初演）		ベルリオーズ 《幻想交響曲》（1830年初演）	
木管楽器	フルート：2本 オーボエ：2本 ファゴット：2本	ピッコロ：1本 クラリネット：2本 コントラファゴット：1本	フルート：2本（1本はピッコロと持ち替え） オーボエ：2本（1本はイングリッシュホルンと持ち替え） クラリネット：2本（1本は小クラリネットと持ち替え） ファゴット：4本	
金管楽器	ホルン：2本 トロンボーン：3本	トランペット：2本	ホルン：4本 コルネット：2本 オフィクレイド：2本	トランペット：2本 トロンボーン：3本
打楽器	ティンパニ：1台		ティンパニ：4台 小太鼓：1台 シンバル：1組	大太鼓：1台 鐘：2個
弦楽器	第1ヴァイオリン ヴィオラ コントラバス	第2ヴァイオリン チェロ 人数の指定は無し	第1ヴァイオリン：15人以上 ヴィオラ：10人以上 コントラバス：9人以上	第2ヴァイオリン：15人以上 チェロ：11人以上
その他			ハープ：最低4台	

第5楽章「サバトの夜の夢」

彼はサバト（魔女の饗宴）に自分を見出す。彼の周りには亡霊、魔法使い、あらゆる種類の化け物からなるぞっとするような一団が、彼の葬儀のために集まっている…

　サバトとは魔女の集会を意味し、主人公を弔うために魔物たちが集まるというのです。ここでも彼女を表す固定楽想が現れます。しかし、かつての気高い様子は見る影もなく、もはや下品でグロテスクな姿になり果てています。奇異な装飾音が施された旋律は、滑稽にスキップするように、8分の6拍子となっています。第4楽章で「最後の愛の想い」を歌ったクラリネットでし

たが、ここではかん高い音域で奇怪な感じを出しています。ベルリオーズは幻想世界を描くために、クラリネットの表現の幅を拡大したのでした。

CD 33 `00:20〜` 第5楽章 固定楽想

装飾音が不気味さを表している

(21) Allegro
ppp

　やがて弔いを告げる鐘が鳴り響き、グレゴリオ聖歌のあの《怒りの日》(→p.64)が響き渡ります。ベルリオーズの意図がキリスト教の「最後の審判の日」を描くことにあったとは思えません。むしろ彼のイメージはぞっとするような一団がうごめく情景だったのでしょう（マイケル・ジャクソンの《スリラー》はこれの現代版です）。あとはプログラムどおり、「魔女の輪舞」が繰り広げられ、最後に再び《怒りの日》が加わります。こうして、あらゆるごった煮

の喧噪を放ちながら、曲は終結へと向かうのです。

物の怪がうごめく「怒りの日」

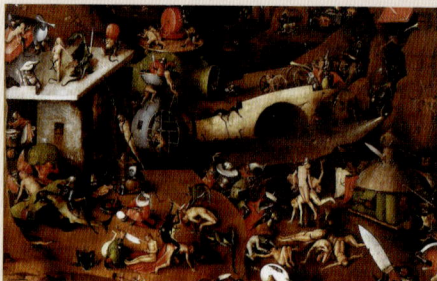

ヒエロニムス・ボス『最後の審判』より（1510年頃）

CD `01:54〜` 第5楽章《怒りの日》

sanz presser
127
f　　　　　　　　　　　　　　　*sim.*

固定楽想＝「彼女」の移り変わり

第1楽章

第3楽章

第5楽章

第2楽章

第4楽章

「彼女」がどんどん変わっていく！

ひとつの楽想でさまざまな変化を表現できるのだ！

まとめ

　器楽の最高峰たる交響曲は、ここでは個人の体験を表現するための場所となりました。そのためにプログラムを描写するという方法がとられたわけです。ベルリオーズが「近代管弦楽法の父」と呼ばれるのは、このことと無関係ではありません。場面やストーリーの描写という目的のために、オーケストラが拡大され（その結果、鐘までもち込むことになります）、楽器の用法がとことん追求されたからです。固定楽想もそのために開発されたのでしたが、思わぬ効果が得られたのでした。そもそも別々の場面を描写する5楽章の交響曲は、何の統一性もない音楽となってしまう危険性がありました。ところが「固定した楽想」をすべての楽章に配することにより、全体がひとつの構想のもとにあることを示すことができるのです。つまり固定楽想はある物事や人物のイメージを表すだけでなく、作品を統一するために役立つ工夫ともなったのです。

フィルハーモニー協会の指揮をするベルリオーズ（1850年）

移ろう調性、揺れる時間 色とりどりに描かれる夢
♪シューマン《トロイメライ》

ロマン主義の「ロマン」とは、中世の騎士物語「ロマンス」に由来しています。ロマンスの主題は「愛」と「夢」であり、ロマン派は愛に彩られた夢幻世界に憧れていたのでした。愛と夢が生まれるのは心のなかです。ロマン派が内面世界を重視したのはそのためです。そうしたロマン主義をみずから体現したのが、シューマンでした。

フリードリヒ『海辺の月の出』（1822年）

シューマンの人生と音楽

シューマンは幼い頃から文学や音楽に親しんで育ちました。とくに文学はロマン主義の重要な芸術であり、彼自身も文才に長け、後に著名な音楽雑誌を発刊したほどでした。音楽の才能にも恵まれたシューマンでしたが、大学への進学には法律を選びました。しかし音楽を捨てきれず、1830年、高名なピアノ教師ヴィークに師事します。

最終的にシューマンはピアニストへの道を断念し作曲家として立つに至りますが、ヴィークの娘でピアニストのクララ

シューマン
(1810-1856)

クララ
(1819-1896)

との出会いが、音楽史上でも名高いロマンスへと発展します。ベルリオーズと同じように、恋愛はロマン派の創作の原動力だったのです。

性格的小品

　1838年に作曲されたピアノ曲集《子供の情景》作品15について、シューマンは次のようにクララに書き送っています。「あなたは、以前、ぼくがときどき子供みたいだ、といいましたが、その言葉がぼくの創作に翼を与えました」。この曲集は「子供のための音楽」ではなく、「子供心を忘れない大人のための音楽」なのです。

　曲集は短い13の楽曲からなります。こうした小品集を「性格的小品（キャラクター・ピース）」といいます。古典派の典型的な形式は、いくつかの楽章からなるソナタでした。各楽章は一定のルールにそって並べられ、起承転結のはっきりした形式です。しかし**性格的小品はあるイメージのもとで小品を並べる**ものです。曲をまとめているイメージを示すために、多くの場合、曲集にはタイトルがつけられます。シューマンでは、《謝肉祭》（仮面舞踏会に登場する人物の描写）や《クライスレリアーナ》（ホフマンの文学を読んだ印象）などの例があります。《子供の情景》では、第1曲は《見知らぬ国と人々》、第13曲の終曲は《詩人は語る》となり、これらの間で子供の生活のさまざまな情景が描かれるのです。

　古典派のソナタが小説だとしたら、性格的小品は詩集のようです。詩は短いからといって、表現において小説に劣るものではありません。詩は数行のうちに世界の本質を明らかにし、真理を語ることもできるのです。こうして性格的小品は「標題音楽」（→p.150）とともに、ロマン派のもっとも実り多い形式となりました。

《子供の情景》全曲のタイトルを見てみよう！

1 見知らぬ国と人々
2 不思議なお話
3 鬼ごっこ
4 ねだる子供
5 満足
6 重大な出来事
7 トロイメライ
8 炉ばたにて
9 木馬の騎士
10 むきになって
11 怖がらせ
12 眠りに入る子供
13 詩人は語る

同じ時代の作曲家が作曲した「性格的小品」は…

無言歌集
メンデルスゾーン
(1809-1847)

抒情小曲集
グリーグ
(1843-1907)

間奏曲
ブラームス
(1833-1897)

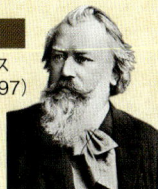

など

もつれる夢

《子供の情景》の第7曲、《トロイメライ》の有名な旋律は、誰でも知っているにちがいありません。もしあの美しい旋律を思いついたとして、自分が作曲家なら、どんな伴奏をつけるでしょう。「ド・ソ・ミ・ソ」といった単純な伴奏でしょうか、それともショパン的な**アルペッジョ**（→p.118）でしょうか。そう考えて楽譜を見ると、シューマン的な書法の特徴がよくわかります。

CD 34 《トロイメライ》

M.M. ♩=100

主旋律 *p*

やさしく寄り添うように入ってくるテノール

主旋律にほかのパートも重なってる！

もし「ド・ソ・ミ・ソ」だったら、ちっともおもしろくないわい

シューマンの場合は、上声部が歌い出すと、2小節目*からテノールのパートがそれに寄り添い、ふたつの声部が同時に進行します。ソプラノのみならず、ほかの声部も「歌」に参加するのです。この傾向は音楽が進むとますます強くなり、主旋律にほかのパートが絡みつきます。これは一種の**ポリフォニー**（→p.113）といえます。作曲家としての修業時代に、シューマンがバッハを研究したことが想い起こされます。旋律と伴奏がはっきり分かれる**ホモフォニー**に対して、声部がもつれるポリフォニーはより複雑で、表現も単純ならざるものとします。トロイメライは「夢見ごこち」といった意味ですが、夢も絡みついているのです。

クララとの結婚はヴィークの猛反対にあい、シューマンには苦悩の日々が続きます。その間に作曲された作品番号1から23までは、すべてピアノ曲となりました。ピアノは「クララの楽器」であり、彼女への想いがそのまま創作に結びついたのでしょう。1840年、ふたりはヴィークを告訴し、ようやく結婚にこぎ着くことができました。この年は「歌の年」とも呼ばれ、140曲あまりの歌曲——ロマン派を代表する名歌曲——が生み出されます。結婚の喜びを表現するには、ピアノの抽象的な表現ではなく、具体的な言葉が必要だったかのようです。シューマンにとっては生活そのものが音楽だったのです。

＊この曲のように冒頭が弱拍で始まる場合（アウフタクト）、弱拍の次の小節が1小節目になる。

色とりどりの夢

　シューマンの「もつれる夢」はさらにさまざまな色を帯びます。《トロイメライ》は、リピートを入れると、4小節の旋律が8回繰り返されるというシンプルな構造です。同じものをただ反復するだけでは、あまりにも単純です。そこでシューマンは微妙に調性を揺らしたのです。全体はこうなります。

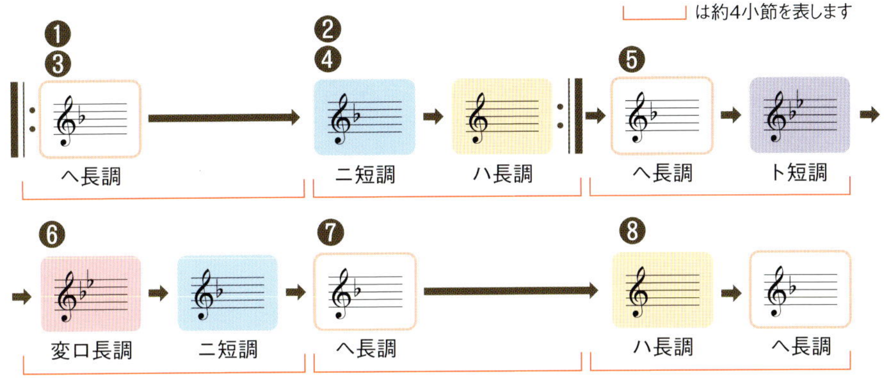

❶
❸
ヘ長調

❷
❹
二短調　　ハ長調

❺
ヘ長調　　ト短調

❻
変ロ長調　　二短調

❼
ヘ長調

❽
ハ長調　　ヘ長調

　「明るい」長調と「暗い」短調だけではありません。長調でもヘ長調から出発して、ハ長調へ行ったり、変ロ長調をかすめたりします。ヘ長調に対して、5度上（属調）のハ長調へ向かうと、音楽は緊張します。また5度下（下属調）の変ロ長調だと、音楽は弛緩します。つまり「明暗」に加えて、「緊張と弛緩」の波が、音楽に微妙な色彩をもたらすのです。

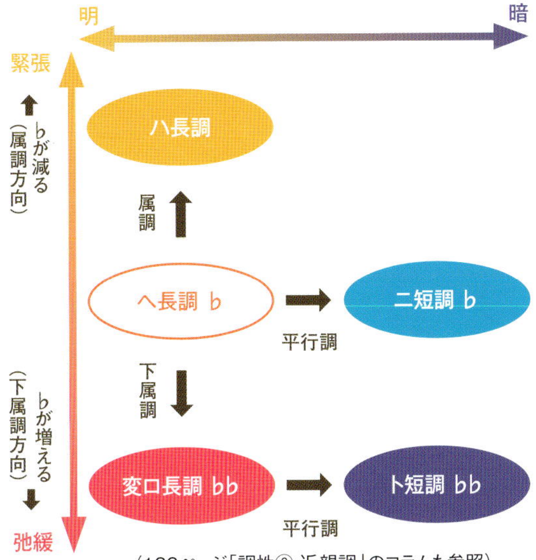

　ここにあるのは明確な転調というより、一時的な調の揺れというべきです。しかし微妙であることは、表現にとっては絶妙な効果ともなるのです。

　《トロイメライ》の聴き方のひとつは、こうした微妙な調性の変化を味わうことにあります。次のページに調の動きを色で示しました。それは揺れ動く心の軌跡そのものなのです。

明　　　　　　　暗

緊張

♭が減る（属調方向）

ハ長調

属調

ヘ長調♭ → 二短調♭
　　　平行調

下属調

♭が増える（下属調方向）

変ロ長調♭♭ → ト短調♭♭
　　　平行調

弛緩

（136ページ「調性③ 近親調」のコラムも参照）

CD 34 《トロイメライ》

いろいろな調に
移り変わるのね

M.M. ♩= 100
ヘ長調
❶
❸
p
❷
❹
ニ短調
ハ長調
ritard.
ヘ長調
❺
ト短調
変ロ長調
❻
ニ短調
ritard.
❼
ヘ長調
❽
ハ長調
ri - - - tar - - - - - - - dan - - - - do
ヘ長調
p

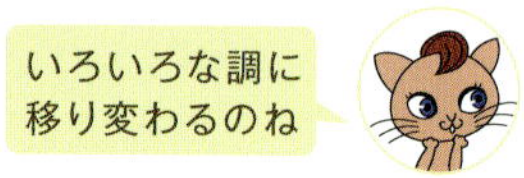

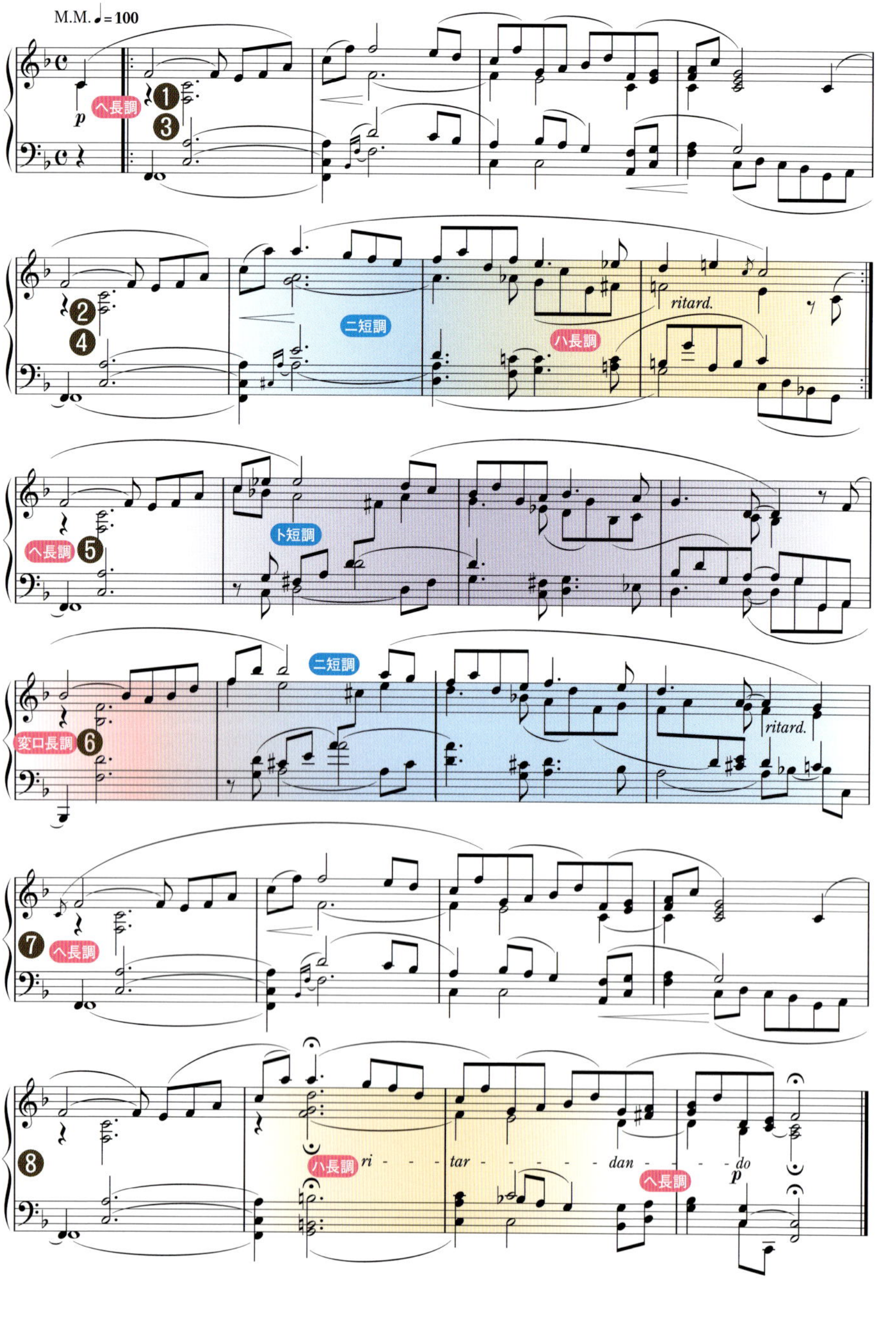

内面世界への沈潜

《トロイメライ》では、色とりどりの夢が絡みつくのです。その結果でしょうか、シューマンは拍子からはずれたような独自の書き方をしました。下の図を見てください。旋律の頂点は2小節目の2拍目にあり、小節の頭と一致しません。

小節の1拍目は「**強拍**」といい、アクセントが周期的に起きるところです。ところが旋律の頂点のみならず、和音が2拍目に交替するため、そこにアクセントが生じるのです。これは決定的です。譜例の**スラー**でもわかるように、音楽は淀み、ずれて進行し、4小節目でつじつまを合わせているようです。

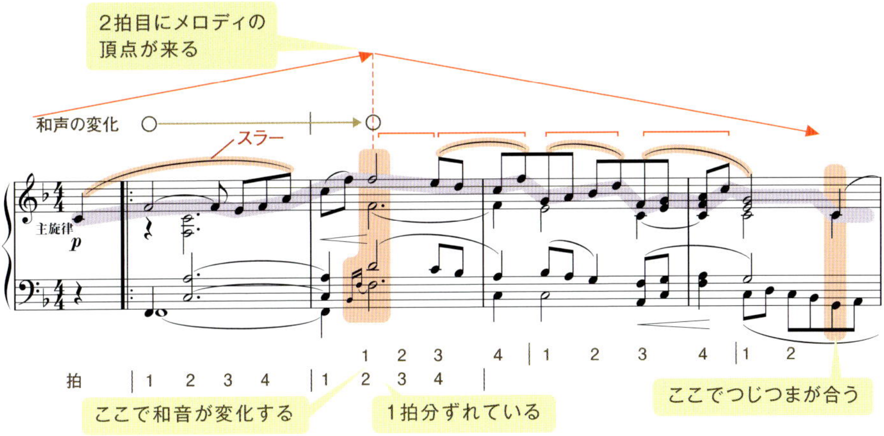

2拍目にメロディの頂点が来る

和声の変化 ○

スラー

主旋律 *p*

拍　|1　2　3　4　|1　2　3　4　|1　2　3　4　|1　2

ここで和音が変化する

1拍分ずれている

ここでつじつまが合う

つまり音楽の抑揚が拍子と一致しないのです。これは何を意味するのでしょうか。もし小節線とぴったり合った書き方なら、拍子のもつ運動性が前面に出たことでしょう。拍子感の強い、推進力のある音楽です。シューマンは明らかにそれを打ち消そうとしたのです。なぜなら夢は心の動きでこそあれ、物体の運動ではないからです。夢——それは内面世界で揺れる心の軌跡なのです。

まとめ

小節線で示されるのは時間の秩序です。|1・2・3・4|1・2・3・4|…という、いわば「時計の時間」なのです。しかし、わたしたちは自分のなかに「体内時計」ももっています。うれしいときは短く、つらいときは長く感じられるような、「生きている時間」です。《トロイメライ》が呼吸しているのは、後者の「わたしのなかで刻んでいる時間」なのでしょう。だからこそ、音楽は厳格な拍子からはずれ、柔軟に息づくのです。心の内奥に光をあてるのがロマン派芸術であるならば、《トロイメライ》はもっともロマンティックな音楽といえるでしょう。

雨だれが示す厳かな時の営み
現実世界に咲いた音の詩
♪ショパン 前奏曲《雨だれ》

革命後の争乱はヨーロッパ各地でくすぶり、1830年にはポーランドの民衆が立ち上がりました。このワルシャワ蜂起（ほうき）はロシア軍に鎮圧され、ショパンは旅先でその報に接することになりました。こうした悲惨な現実から目を背け、「内面」へ、あるいは「現実を超えたもの」へ眼差しを向けたのがロマン派だったのです。

《雨だれ》が作曲されたといわれるヴァルデモサ修道院

ショパンの人生と音楽

　ショパンは早くから音楽教育を受け、専門的な技術と理論を身につけていました。彼の音楽の完成度の高さは、こうしたしっかりとした音楽的な土台と無縁ではないでしょう。

　音楽院を卒業すると、ショパンは活躍の場を外に求めることになりました。音楽文化の中心地が彼を呼んだのでしょうか。ショパンはウィーンからパリへ赴き、そこで一生を終えることになります。1848年の二月革命で没落する以前の、最後の貴族社会が彼を迎え入れることになったのです。とくにジョルジュ・サンドとの関係が続いた1838年からの9年間は、ショパンの創造力がもっとも旺盛

な時代です。ショパンは生涯、病弱でした。またパリでは故郷喪失者でした。洗練され、貴族的ともいえるショパンの音楽は、また異境に身を置く芸術家の、望郷の響きだったのかもしれません。

サンド
(1804-1876)

ショパン
(1810-1849)

ショパンがデビュー・コンサートを開いたパリのサル・プレイエル

ポーランドの貴族ラジヴィウ家のサロンでピアノを弾く
19歳のショパン

「プレリュード」という音楽

　ショパンは生涯の創作をほとんどピアノ曲に捧げた希有な作曲家でした。作品は古典的なソナタは3曲だけ、代表作としては「バラード」が4曲、「スケルツォ」が4曲、それに数多くの「ノクターン」があります。

　ショパンの作品ではほかに「ワルツ」などのサロン*風の音楽、そしてポーランドの民族舞曲である「マズルカ」と「ポロネーズ」があります。

　そうした作品群のなかで、《プレリュード集》はショパンのインスピレーションの根源にあるかのようです。「プレリュード」は「前奏曲」と訳されるように、メインとなる曲の前に奏される曲です。ショパンが参考にしたのはバッハの《プレリュードとフーガ》でしょう。プレリュードはフーガという一定の形式の楽曲を導入する曲ですが、様式的な規定は何もありません。ただ「前に奏する曲」ということでしかないのです。だからバッハでも、アリアのような歌う曲が

ショパンの作品リスト

♪バラード	♪24のプレリュード
♪スケルツォ	♪即興曲
♪ノクターン	♪ソナタ
♪ワルツ	♪練習曲
♪マズルカ	♪舟歌
♪ポロネーズ	♪幻想曲　ほか

ピアノ曲ばかり作曲したのね

あったり、技巧的なトッカータ風の曲があったり、舞曲のような音楽があったり、ということになります。

　ショパンにはまた重要な「練習曲(エチュード)」があります。《練習曲》もある意味で自由な曲といえますが、ここでは「ピアノの技法を開拓する」という目的があります。《プレリュード》にはそういう目的はいっさいありません。まったく自由な曲種なのです。

*サロン…上流階級の人々が音楽、文学、絵画などさまざまな分野の名士を集めて芸術について議論したりする場。ここで音楽もたくさん演奏された。

《プレリュード集》作品28

　とはいえ、自由であることは、もっとも困難が伴うことにもなりかねません。しかし、《プレリュード集》作品28の場合は、何ものにも制約されない、もっとも純粋で幸福なインスピレーションのほとばしりとなったのでした。曲集は十数小節しかない断片的な曲から充分に展開された曲まで含み、あらゆる様式で書かれ、音楽的なアイディアの宝庫となったのです。しかも第1曲は《プレリュード集》のプレリュードのようであり、終曲は結末のようでもあります。こうして典型的な性格的小品（→p.159）ともなったのでした。

　しかし各曲の自由さに対して、全体の構成は厳格に枠づけられました。構成で参考になったのはバッハの《平均律クラヴィーア曲集》でしょう。この曲集ではハ長調とハ短調（主音が同じ長調と短調である同主調の関係→p.137）を対にして、次は嬰ハ長調と嬰ハ短調という具合に半音ずつ上がり、すべての調を網羅しています。

　ショパンの《プレリュード集》では、ハ長調とイ短調（同じ調号の長調と短調である平行調の関係→p.137）を対にし、次はト長調とホ短調、次はニ長調とロ短調…と配列しました。こうして「5度循環」で、すべての調を経て、最後はニ短調に行き着くことになります。このシステマティックな構成は、収められた曲の自由さを保障することになります。外枠がしっかりしている分だけ、内容に自由度が増すからです。

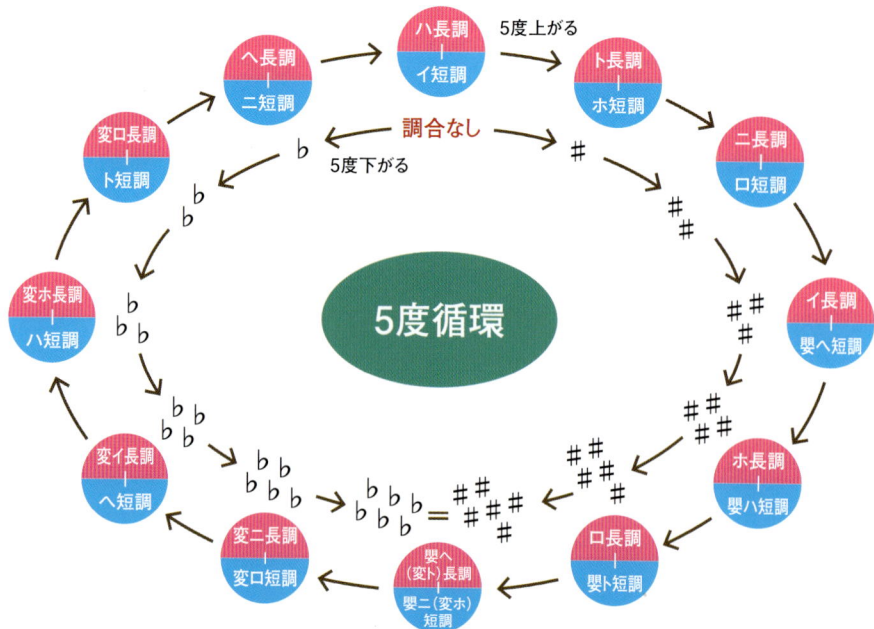

《雨だれ》前奏曲

《雨だれ》のあだ名があるプレリュード変ニ長調は、《プレリュード集》の第15曲にあたります。単独でも演奏されるショパンのポピュラー・ピースです。曲は89小節と、曲集のなかではもっとも長く、全曲のほとんどを通して変イ（ラ♭）の音が持続します。《雨だれ》と呼ばれるゆえんです。

CD 35 《雨だれ》冒頭 A

変イ（ラ♭）

Sostenuto

変ニ長調

曲はＡＢＡ'の**三部形式**で、Ａが変ニ長調（♭×5）、Ｂが嬰ハ短調（♯×4）となります。ピアノの鍵盤で考えると、「変ニ」と「嬰ハ」は同じ音（黒鍵）です。名前は違うが、音は同じということで「**異名同音**」（エンハーモニック）といいます。つまり変ニ長調と嬰ハ短調は（たとえばハ長調とハ短調のように）同じ主音の長調と短調＝**同主調**ということになります。そしてふたつの調の属音、すなわち変イ＝嬰ト が《雨だれ》の持続音となります。

Ｂの部分に入ると「ソット・ヴォーチェ（声を潜めて）」とあり、3小節後にクレッシェンドの指示があります。その後この12小節にもわたる「だんだん

変イ音　異名同音　嬰ト音

CD 36 《雨だれ》中間部 B

Bはおどろおどろしい感じ

嬰ト（ソ♯）　クレッシェンド

sotto voce　cresc.

嬰ハ短調

大きく」は、まるで亡霊か何かが近づいてくるようです。そして40小節目のフォルティッシモの爆発で、ついに亡霊は正体を現しますCD 00:39〜。ここで音楽はホ長調に転じます。しかしこの突然の長調は「明るさ」「希望」への転換というより、「圧倒的なもの」「とんでもないもの」の出現を思わせます。

「何かが来る…」とおじけづいていると、ついに現れたものは想像を超えていた、という感覚です。ここだけ持続音が嬰トからロに移るのもそれを表しています。甘くロマンティックな音の詩人の音楽にも、不気味な瞬間があるのです。

時間は逆行しない

こうしてBが過ぎ去った後で、再びA'が戻ります。Aと同じ音楽ですが、Bの後だけにその晴朗さは身に染みます。しかし再現されるA'はすぐに終わってしまいます。じつはA'は14小節しかなく、27小節あった最初の半分となっているのです。これは古典派の形式感覚ではありません。モーツァルトやベートーヴェンなら、A'は同じ長さか、より長い形で再現するでしょう。しかも《雨だれ》前奏曲では、Bが48小節と異常に長いのです。A（27）－B（48）－A'（14）というアンバランスな構成です。

三部形式の小節数の比較

ショパンはAが短くて
Bが長いね

モーツァルト ソナタK545 第1楽章	A（提示部）	B（展開部）	A'（再現部）
ショパンの《雨だれ》	A 27小節	B 48小節	A' 14小節

この不均衡には理由があるはずです。ショパンのような鋭い形式感覚を備えていた作曲家なら、なおさらです。そこでこう考えてみましょう。Bの部分は長さにおいても、印象においても圧倒的でした。それを通過したとき、Aは「もとの姿には戻れない」ということです。これはロマン派特有の時間観が根底にある、とみなすべきでしょう。

ロマン派は単純な反復を嫌いました。典型的なのはワーグナーの無限旋律（→

同時代に活躍した写実主義の画家クールベの『オルナンの埋葬』（1849-50年）

p.183）であり、彼の楽劇では、何時間もかかる音楽劇が一続きの音楽となります。なぜなら時間は逆行しないからです。生は時間そのものであり、音楽が生を表現するとなると、音楽も単純に前のものを繰り返すべきではないのです。ロマン派の時間観は音楽が逆戻りするのを好まないことになります。

しかし《雨だれ》では、Aは戻ってきます。けれどももとのままではないのです。なぜなら、人生そのもののように、圧倒的な体験をすると、わたしはもはやもとに戻ることはできないからです。何かがわたしのなかで失われたのかもしれません。そのとき、わたしはわたしであっても、もはや体験以前のわたしではありません。時間は逆行しないのです。こうして《雨だれ》前奏曲の短すぎる再現は、「充足のない終息」となり、「永遠の喪失感」を醸し出すのです。

時間の呪縛

全曲を貫く持続音。それは時間の鉄の支配を思わせます。シューマンの《トロイメライ》（→p.158）では内面への沈潜が拍子からの逸脱を生んだかのようでした。しかし《雨だれ》の譜例を見てください。ぴったりと拍子にあった書き方がされ、とくにあの「亡霊」の足どりなど明確にして厳格そのものです。わたしたちの意思や希望にお構いなく、時間は進みます。《雨だれ》前奏曲はいっさいの妥協なしに刻まれる時間の厳粛性、厳しくも過酷な現実そのものの表現であるかのようです。しかし、そこから逃れ出る瞬間があります。

CD 37　《雨だれ》終結部

タイ

右手だけの旋律

持続音が途切れる

持続音はそこで途切れ、ピアノの右手だけになった旋律が宙を舞います。そのとき、旋律は小節線を超えたタイ*がかかり、拍子の呪縛から解かれたかのようです。とはいえ、それも瞬時であり、なだらかに下行した旋律は再び時間の支配へ宿命的に戻るのです。それはたった2小節というはかない時間であるがゆえに、その一瞬を痛切なものとするのです。

まとめ

個人の内面世界を希求したロマン派の時代は、またリアリズムの時代でもありました。ロマン主義の絵画は写実主義であり、文学は19世紀後半から現実主義と呼ばれることがあります。内面への志向とリアリズムは矛盾するようでありながら、深いところで結びついてもいたのです。シューベルトの《冬の旅》第11曲《春の夢》では、夢の世界が描かれたかと思うと、急に目が醒め、現実世界が脅しをかけます。この構図のなかで確かなのは、夢の甘美さは現実の過酷さの裏返しだということです。彼らは、じつは、現実世界の厳しさを身に染みてもいたのです。むしろ彼らの内面化の傾向は、現実の脅威から逃れる一形式でもあったということです。しかし、ショパンは時間の厳粛性に象徴されるリアルな世界から目を背けなかったのでした。そしてそこから逃れ出るわずか一瞬をとらえることによって、表現をとぎすましたのです。

*タイ…同じ高さのふたつの音符を結んでひとつの音にする弧線。

ロマン主義の儚さと美しさ
ヴァイオリンに託された一瞬のきらめき
♪メンデルスゾーン ヴァイオリン協奏曲

　ロマン派は微妙な心の動きや夢、憧れを表現しようとしました。旋律はそれを心の内奥へ直接とどけることができます。だからロマン派は旋律を追究し、旋律楽器であるヴァイオリンの最高峰ジャンル、ヴァイオリン協奏曲にも名作が生まれました。その代表作がメンデルスゾーンの作品です。

ショルデラー『窓辺のヴァイオリニスト』（1861年）

メンデルスゾーンとヴァイオリン協奏曲

　メンデルスゾーンはユダヤの名門の家系に生まれ、裕福で、教養豊かな環境で育ちました。幼くして音楽、文学、美術に触れ、早くから音楽教育を受けています。彼の理想とするモーツァルトと同じく、メンデルスゾーンの才能はめざましく開花しました。16歳のときの八重奏曲変ホ長調作品20は、すでに「作品」として、驚くべき完成度の高さに達しています。翌年、1826年には《真夏の夜の夢》序曲が作曲されています。

　メンデルスゾーンの代表作、ヴァイオリン協奏曲ホ短調作品64は1844年に完成しています。メンデルスゾーンの35歳の作品であり、早熟の天才の成熟期の音楽といえます。彼はこれまで10曲あまりの協奏曲を書いており、ヴァイオリン協奏曲ホ短調はその集大成であり、さらにロマン派全体を代表する音楽となったのでした。

メンデルスゾーン
（1809-1847）

旅行中に描かれた
メンデルスゾーンの
水彩画

ロマン派協奏曲の神髄

　第1楽章の冒頭、弦のざわめきとティンパニの音がかすかに轟（とどろ）くと、ただちに素晴らしい旋律が飛び込んできます。ソロ・ヴァイオリンが優美に輝き、哀愁を漂わせて、颯爽（さっそう）と登場するのです。まさにヴァイオリンの魅力全開といったところです。この開始はロマン派音楽の入り口であるかのようです。

CD 38 00:00〜　第1楽章 冒頭

> 一度聴いたら忘れられない！

Allegro molto appassionato

曲はやがて急迫し、オーケストラにせき立てられるようにして、ソロ・ヴァイオリンが「技巧的なパッセージ」に流れ込みます。

> ヴァイオリンの"技"が聴きどころじゃ

CD 00:31〜　技巧的なパッセージ

そして今度はオーケストラが、フォルティッシモで、最初の旋律をとりあげるのです。
コンチェルトならではのソロ対オーケストラの「対比」の効果が最大限に発揮されています。

CD 01:04〜　対比

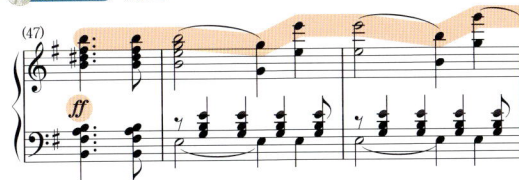

> ヴァイオリンのメロディがオーケストラに出てきた！

「トランクイッロ（静かに）」と指示された第2主題を経て、音楽は再び高潮し、
ソロがオーケストラと丁々発止（ちょうちょうはっし）と渡り合ったりもします。両者が「かけ合い」を演じるのです。

> だんだん激しくなってくる

CD 39 00:05〜　第1楽章 ソロとオーケストラのかけ合い

第2章 *Part* **4** ロマン派の音楽⑤

171

「協奏風ソナタ形式」の革新

第1楽章は「アレグロ・モルト・アパッショナート（きわめて情熱的な快速調）」と指示されています。古典的な協奏曲の第1楽章の形式は「協奏風ソナタ形式」（→p.130）でした。しかしメンデルスゾーンは、それをいわばロマン派風に改作しました。問題は、オーケストラ提示部でした。まずオーケストラだけで提示部を一通り演奏し、そこにソロ楽器が入って再び繰り返すという古典的な方法は、メンデルスゾーンにとってはいかにも形式主義的で、新鮮味に欠けると思ったのでしょう。そもそも同じ

ものの反復をロマン派は好みませんでした。

そこでメンデルスゾーンは、オーケストラ提示部を省略してしまったのです。こうして第1楽章は下の図のようになりました。モーツァルトからの決定的な歩み出しであり、後世に大きな影響を与えました。

ヴァイオリン協奏曲 第1楽章の比較

	オーケストラ提示部	ソロ提示部	展開部	カデンツァ	再現部	カデンツァ	コーダ
モーツァルト ヴァイオリン協奏曲 第3番 K216	オーケストラ提示部	ソロ提示部	展開部		再現部	カデンツァ	コーダ
メンデルスゾーン ヴァイオリン協奏曲 ホ短調		ソロ提示部 第1主題 第2主題	展開部	カデンツァ	再現部 第1主題 第2主題		コーダ

カデンツァの新機軸

さらにメンデルスゾーンはもうひとつの工夫を加えました。従来はコーダの直前にあったカデンツァを、展開部の最後に置いたのです。展開部は技巧的なパッセージが多い部分ですから、カデンツァ

へ自然に入っていけます。ソロ・ヴァイオリンがアルペッジョをかき鳴らしていると、気づかないうちにフルートとオーボエが第1主題の再現を告げるのです。斬新なアイディアです。

CD 40 第1楽章 再現部へ移り変わる部分

アルペッジョ

334

フルート

pp　オーボエ

しかし、以上のような新機軸から、ソロ・ヴァイオリンが第1主題を歌い上げるのは、冒頭の1回だけとなりました。

古典派の協奏曲ではありえないことですが、木管楽器で主題が再現されることでこうなったのです。

流れる音楽

メンデルスゾーンは音楽の「流れ」を大切にしているようです。普通、カデンツァは音楽の流れを一旦断ち切って、ソロの見せ場に入るわけですが、ここでは展開部から再現部への移行がスムーズになるのです。コーダの直前にあるべきカデンツァがないため、楽章の終盤では音楽は途切れることなく徐々に加速し、第1楽章を「プレスト（急速に）」で終えます。

楽章と楽章の間にも工夫が凝らされています。第1楽章がドラマティックに終止すると、最後の和音のなかからファゴットが「シ」の音を残し、そこから第2楽章に入るのです。音楽的時間は継続されているのです。

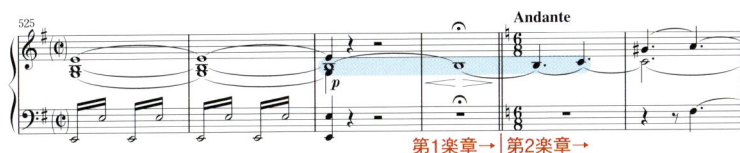

第1楽章→｜第2楽章→

そして第3楽章の導入部分には、「アレグレット・ノン・トロッポ（速すぎないアレグレット）」の短い導入部分があります。これは緩徐楽章とフィナーレのそれぞれのテンポの中間の速度であり、テンポ上、ふたつの楽章が不連続にならないようにしているのです。また第2楽章のハ長調と第3楽章のホ長調をつなぐためでもあり、調性的にも、そして気分の上でも流れが重視されていることになります。

第2楽章から第3楽章へ移り変わる部分

	第2楽章	第3楽章 導入部分	第3楽章 15小節目～
テンポ	*Andante* （歩くような速さで）	*Allegretto non troppo* （やや速く、過度にしすぎずに）	*Allegro molto vivace* （快速に、とても生き生きと）
調性	ハ長調	ホ短調	ホ長調

CD 41 第3楽章 導入部分

Allegretto non troppo

mf espress. p cresc.

ライプツィヒのゲヴァントハウス・オーケストラのリハーサルを描いた図（1850年）。メンデルスゾーンも1835年から指揮者を務めた

173

第2楽章と第3楽章

第2楽章は「アンダンテ（歩くような速さで）」、ＡＢＡ'の三部形式。メンデルスゾーンらしい爽やかなロマンティシズムあふれる音楽です。特徴的なのは、Bの部分でソロ・ヴァイオリンが旋律と伴奏を同時に弾く**重音奏法**が続き、オーケストラの対比をいっそう細やかにしていることです。

第2楽章 重音奏法が続く部分

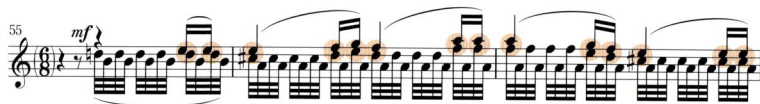

重音奏法とは、弦楽器でふたつの音を同時に演奏すること

第3楽章は「アレグロ・モルト・ヴィヴァーチェ（快速に、とても生き生きと）」で、ソナタ形式の図式を認めることができます。しかしここには主題の対比は少なく、第1主題のリズミックな音型が全曲を駆け回ることになります。再現部では、第1主題に別のしなやかな旋律がからんだりもします。メンデルスゾーンは、お得意のスケルツォ風の音楽で、彼の名ヴァイオリン協奏曲を締めくくったのです。

CD 42 第3楽章 第1主題

軽快で情熱的な楽章！

一回性の美学

それにしても、冒頭のあの名旋律が、ソロ・ヴァイオリンで1回しか出なかったのは、どう考えるべきなのでしょう。協奏曲に新機軸を盛り込むためだったとしても、あるいは音楽の流れを重んじた結果だったとしても、1回だけというのは少なすぎないでしょうか。しかし、そこに積極的な意味と「そうでなければならない」必然性も感じられます。何といっても、あのロマンティックなメロ

ディは、最初に1回聴いただけで、わたしたちの心にしっかりと刻み込まれるからです。

　メンデルスゾーンは哀切きわまりないメロディとソロ・ヴァイオリンの組み合わせがもたらす、濃厚なロマンティシズムをあえて避けたのでしょうか。彼は耽溺的なロマンティストであるよりは、節度ある教養人だったことがよく知られています。そこはかとない淡いロマンティシズムこそ、彼の身上であり、そのためには1回だけの提示でなければならなかったのかもしれません。さらにいえば、反復は印象を薄めるだけで、1回限りの存在こそが至上の輝きを放つという、ロマン的な世界観が根底にあったのかもしれません。それはメンデルスゾーンの「一回性の美学」というべきなのでしょう。

メンデルスゾーンが楽長をつとめた当時の
ゲヴァントハウス

ゲヴァントハウスの
演奏会の風景（1845年）

まとめ

　メンデルスゾーンのヴァイオリン協奏曲の冒頭は、「時よとどまれ、おまえはあまりに美しい」（ゲーテ）といいたくなる瞬間です。たとえそう叫んだとしても、時間は止まってはくれません。また後でどんなに同じものを反復しても、聞こえてくるのは、最初の1回目の美の残照でしかないのでしょう。あの美はもはや回想のなかにしかないのです。メンデルスゾーンのヴァイオリン協奏曲を生み出したのは、切なく過ぎ去る時間に宿命を感じるロマン派の感性だったにちがいありません。

当時すでに大詩人だったゲーテに、ピアノを弾いて聴かせるメンデルスゾーン少年。メンデルスゾーンが12歳のときにゲーテに出会ってからというもの、ふたりは親交を深めた

オーケストラが描く人生劇場
「交響詩」の成立
♪リスト　交響詩《前奏曲》

　ベートーヴェン以来、交響曲の創作は「難題」として後世に立ちはだかりました。そうしたなかで新しい指針のお手本となったのはベルリオーズの《幻想交響曲》であり、物語や詩的想念を形式原理とする「標題音楽」が唱えられたのです。リストはみずから「交響詩」というジャンルを開拓し、「未来の音楽」を標榜しました。

ハンガリー（当時はオーストリアの一部）が
リストの名誉を称え、彼に与えた賞状（1867年）

ロマン派の寵児リスト

　リストは時代の申し子でした。ピアニストとしての彼はさながらロック・スターであり、ピアノによる「リサイタル」という演奏形式を確立しました。それまでの演奏会といえば、交響曲あり、協奏曲あり、また独奏や歌などがとり込まれた、ジョイント形式でしたが、リストはひとりの演奏家が一夜の音楽会をとり仕切ることを可能にしたのです。メフィストフェレス（ゲーテの『ファウスト』に登場する悪魔）のような衣装で現れ、音楽の魔術師のような彼のパフォーマンスは、ピアノの弦を断ち切るほどのすさまじさで、聴衆を圧倒的な熱狂におとしいれたといいます。

アイドルのコンサートみたい！

いい男♡

リスト
（1811-1886）
写真は1843年に
撮影されたもの

リストに熱狂する聴衆

交響詩《前奏曲》

リストは大衆迎合的な芸人であると同時に尊大な芸術家でもあり、音楽の未来を切り開こうとする予言者でもありました。その予言のひとつが、交響詩だったのです。

リストは13曲の交響詩を作曲しましたが、もっとも有名で、リストの代表作ともなったのが3番目に書かれた《前奏曲》です。曲のもとになったのは、男声合唱曲《四大元素》の序曲として、1848年に作曲された楽曲です。6年後、リストはこの曲にフランスの詩人、ラマルティーヌの『詩的瞑想録』からの一説を掲げ、交響詩としたのです。このように、交響詩は序曲のような単一楽章の交響作品であり、

ラマルティーヌ
（1790-1869）

ベルリオーズの《幻想交響曲》の圧縮版といってもいいでしょう。

交響詩にも、通常、描写すべきプログラムがあります。プログラムは詩や物語であったり、史実であったり、あるいは絵画であったりします。プログラム自体の具体性のレヴェルもさまざまで、かなり抽象的なものもあります。いずれにしても、こうした「音楽外的なもの」が創作の原理になるのです。しかしプログラムと音楽の関係は微妙なようです。リスト自身、ベルリオーズらに次のように書き送っています。

プログラムを加えなければならないのは、それがないと音楽作品が適切に理解されないような場合だけだ

《前奏曲》のスコアに掲げられたプログラム

LES PRÉLUDES

D'APRÈS LAMARTINE*).

POÈME SYMPHONIQUE No. 3 DE F. LISZT.

Notre vie est-elle autre chose qu'une série de Préludes à ce chant inconnu dont la mort entonne la première et solennelle note? — L'amour forme l'aurore enchantée de toute existence; mais quelle est la destinée où les premières voluptés du bonheur ne sont point interrompues par quelque orage, dont le souffle mortel dissipe ses belles illusions, dont la foudre fatale consume son autel, et quelle est l'âme cruellement blessée qui, au sortir d'une de ces tempêtes, ne cherche à reposer ses souvenirs dans le calme si doux de la vie des champs? Cependant l'homme ne se résigne guère à goûter longtemps la bienfaisante tiédeur qui l'a d'abord charmé au sein de la nature, et lorsque «la trompette a jeté le signal des alarmes», il court au poste périlleux quelle que soit la guerre qui l'appelle à ses rangs, afin de retrouver dans le combat la pleine conscience de lui-même et l'entière possession de ses forces.

フランス語で書かれた《前奏曲》のプログラム（ブライトコプフ・ウント・ヘルテル社によって1908年に発行されたもの）

われわれの人生は死という見知らぬ讃歌への前奏曲にほかならない。燃える朝焼けのように、愛はすべての体験を照らし出す。（❶愛）

しかし、初めての幸福の喜びは、嵐によってかき消される…。（❷嵐）

だが自然の胸に抱かれて感じた喜び、祝福された静けさへの渇望を断念したりはしない。（❸自然）

トランペットの響きとともに立ち上がり、危険に立ち向かい、闘争のうちに完全な自己覚醒を勝ちとり、十全な生命力をとり戻すのである…。（❹戦いと勝利）

交響詩《前奏曲》は、死への前奏曲である「生」の音楽的描写となるのだ

《前奏曲》の構成

プログラム テンポ表示	テーマ　調性	内容
❶ （出現） **愛** *Andante* （歩くような速さで）	**CD 43** 主要主題（モットー） ハ長調 **CD 44** 愛の主題 (69) *p dolce* ホ長調　*espressivo ma tranquillo* 表情豊かに、ただし静かに	冒頭部分で《前奏曲》の主要主題が提示される。それは「生は死の前奏曲である」という思想の音楽的モットーのようであり、最初は神秘的に、次に荘厳に鳴り響く 曲はやがてホ長調の部分に入る。ここでホルンに「愛の主題」が出る。ホルンというロマン派好みの楽器が、夢のような音響を醸し出す
❷ **嵐** *Allegro ma non troppo* （速すぎないアレグロ）	**CD 45** 嵐の主題 (109) ヘ短調	しかし、それも長くは続かず、風雲急を告げる。「嵐」の到来だ。ここまできて明らかなように、「愛の主題」「嵐の主題」もじつは冒頭のモットーの変形である。《前奏曲》は単一主題の変奏により構成されている
❸ **自然** *Allegretto pastorale* （田園風のアレグレット）	**CD 46** 201 *p dolcissimo* イ長調 **CD 47** 愛の主題 260 イ長調 *dolce espressivo*	次の「自然」の部分は、伝統的な田園舞曲の8分の6拍子となる。ここでモットーの主題から若干離れ、戯れるような音楽がしばらく続く。やがて明確に「愛の主題」が帰ってくる
❹ **戦いと勝利** *Allegro marziale animato* （行進曲風の生き生きとしたアレグロ）	**CD 48** 勝利の行進曲 346 *f* ハ長調	「愛の主題」は次第に高揚して、勝利の行進曲となる。トランペットとホルンが奏する主題は、モットーの力強い行進曲版である

「自然」の発見

《前奏曲》は人生を「愛」→「嵐」→「自然」→「勝利」というストーリーで描いています。このなかで目新しく、またロマン主義的なのは「**自然**」です。西洋では永らく「自然」は芸術の対象とはなりませんでした。この点で東洋の世界観との決定的な違いがあります。これはおそらくはユダヤ的・キリスト教的世界観によるものでしょう。『旧約聖書』の始め「創世記」では、神がこの世を創った経緯が描かれています。神は最初に天と地を創造し…という記述が続き、最後に人を創ったというのです。そのとき人間は「神に似せて創った」とあります＊。神はこの世のすべてのものを創造なさったのですが、人間にだけは「神的なもの」を与え、地上を治めるようにしたのです。西洋の人間中心主義、人間と人間以外のものを隔てるような考え方はじつにここに起因するといえるでしょう。

西洋

ミケランジェロ
『アダムの創造』
（1510年）

西洋では自然と人間は峻別され、表現の対象とされるのはもっぱら人間だった

東洋

范寛
『渓山行旅図』
（11世紀）

東洋では人間も自然の一部であると考えられてきた

ところがロマン主義に至って、初めて自然が人間的世界の視野に入ってきます。美術史上でも、自然をテーマにした美術が登場するようになります。たとえばコンスタブルやターナーのような風景画家が現れるのです。ロマン派の時代は「現実を超えたもの」に憧れていました。悲惨な現実を目のあたりにして、人は内面に逃げ込んだり、遠い過去へ思いをはせたりしましたが、そのまなざしが自然にも向かったと考えられるのです。自然が孤独な人間を癒してくれる対象として「発見」されたのです。そこには神の秩序が反映されてもいます。これはまさにロマン主義的な自然観であり、《前奏曲》でリストが描こうとした自然にほかなりません。

ターナー『解体のため錨泊地に向かう戦艦テメレール号』
（1838年）

＊「創世記」第1章第26節。

構成の多義性

《前奏曲》は、プログラムを音楽で表現するという、標題音楽のあり方をよく示しています。しかし、リストがただプログラムに従って作曲したというには、疑問が残ります。なぜなら《前奏曲》では別の純音楽的な構成法も認められるからです。ここでいう「純音楽的な構成法」とは古典的な形式です。

そのひとつは**ソナタ形式**（→p.123）です。冒頭のモットーを**第1主題**とすると、「愛の主題」は**第2主題**です。「嵐」の部分から**展開部**に入ります。**再現部**は第2主題からで、最後は**コーダ**となりま

す。「自然」の部分で第2主題を回帰させた理由はソナタ形式の図式を想定していたからで、第1主題≒第2主題であるために第1主題の再現を省いたとも考えられます。重要なのは**調性**で、提示部の第2主題はホ長調、再現部ではイ長調と、古典的な調配列とは違いますが、中心となるハ長調に対して、3度上と3度下に関連づけられ、配置されています。

> ソナタ形式にも
> 見えるし…

プログラム	小節数	テンポ表示	調性　テーマ	ソナタ形式	多楽章制
❶ （出現） **愛**	*1〜*	*Andante* （歩くような速さで）	ハ長調 （主要主題） ホ長調 （愛の主題）	**提示部** 第1主題 第2主題	第1楽章
❷ **嵐**	*109〜*	*Allegro ma non troppo* （速すぎないアレグロ）	ヘ短調 （嵐の主題）	**展開部**	第2楽章 （スケルツォ）
❸ **自然**	*200〜*	*Allegretto pastorale* （田園風のアレグレット）	イ長調 （愛の主題）	**再現部** 第2主題	第3楽章 （緩徐楽章）
❹ **戦いと勝利**	*344〜*	*Allegro marziale animato* （行進曲風の生き生きとしたアレグロ）	ハ長調 （勝利の行進曲）	コーダ	第4楽章 （フィナーレ）

> 多楽章の形式
> にも見える！

もうひとつは**多楽章の形式**です。古典的な4楽章の楽曲で考えてみると、それぞれの楽章を（メンデルスゾーンのヴァイオリン協奏曲のように）切れ目なくつなげたとも考えられるのです。この区分はテンポ指示が明確に示しています。アンダンテ部分は導入的な性格をもつ第1

楽章です。第2楽章は「嵐のスケルツォ」です。第3楽章はアレグレットのやや快速調の緩徐楽章。そして行進曲のフィナーレがくる、ということになります。

リストの試み

どちらの構成区分が「正解」かと問うことは、意味がありません。なぜならリストはそのすべてを（あるいはそれ以外の意図さえも）想定しており、その多義的な構造のなかに作者の創意があるからです。交響詩《前奏曲》はプログラムの描写音楽であると同時に、純音楽的な形式をもつ交響作品なのです。そして「純音楽的な形式」とは、「ソナタ形式の図式と多楽章制の構成法を統合した形式」といえるでしょう。

こうした高度に多層的な構造を可能とするために、リストは単一主題の変奏という技法を使ったのでした。

しかし、リストの形式的試みに、前例

```
プログラムの      交響詩     純音楽的な形式
描写           《前奏曲》    （ソナタ形式
                         /多楽章制）
```

主要主題を変奏することで、ここまでたくさんの要素をもたせるとは！

がなかったわけではありません。じつは、シューベルトのピアノ曲《さすらい人幻想曲》があるのです。「ソナタ形式と多楽章制をドッキングするという発想」がまったく同じです。プログラムの描写に腐心するよりは、リストが意欲を燃やしたのは、シューベルトのアイディアをみずからの構成原理として具体化することだったに違いありません。

シューベルト

《さすらい人幻想曲》（1822年）

第1楽章 ハ長調	第2楽章 （緩徐楽章） 嬰ハ短調	第3楽章 （スケルツォ） 変イ長調	第4楽章 ハ長調
第1主題			
❶ ハ長調	❷ へ短調 （スケルツォ）	❸ イ長調 （緩徐楽章）	❹ ハ長調

リスト

《前奏曲》（1848年）

調性は《前奏曲》と同じハ長調。中間部は、リストとは逆の嬰ハ短調の「緩徐楽章」、変イ長調の「スケルツォ」となるが、全体のレイアウトは基本的に一致する

まとめ

リストの交響詩の形式原理を音楽外的な「詩的想念」にのみ帰すのは、不十分といわざるをえません。多くの交響詩がもとは序曲だったことは、そのことを、いわば外側から示唆しています。そして《前奏曲》における構成法にシューベルトの先例があることは、リストの形式がただのプログラムの描出の結果でないこととの決定的な証拠となるでしょう。表面的には標題音楽でありながら、その土台として純粋に音楽的な構成を堅持していること、そしてそれらの関係が有機的に一体化していることが、《前奏曲》の成功の秘密だったといえるでしょう。

指揮をするリスト

ベートーヴェンを超えろ！「楽劇」の捻出

♪ワーグナー　楽劇《トリスタンとイゾルデ》

リストと「未来の音楽」を論じたワーグナーは、交響詩（→p.177）とは別の結論に達しました。彼によれば、偉大なベートーヴェンの《第九》とともに、交響曲は終わった。新しい可能性はオペラにある。ワーグナーのロマン派芸術の回答は「交響曲のようなオペラ」ともいうべき「楽劇」となったのです。

レイトン『トリスタンとイゾルデ』（1902年）

「楽劇」の誕生

ワーグナーは演劇と音楽に恵まれた環境に育ち、最初は演劇を志していました。しかしベートーヴェンの《第九》との出会いが、彼の未来を決定づけます。《第九》がワーグナーに啓示したのは、偉大な思想を表現する、音楽の素晴らしい可能性だったのでしょう。とくに声楽を加えたフィナーレに圧倒的な感銘を受けたワーグナーは、その延長線上にみずからの音楽の方向を見出しました。それに近いのはオペラというジャンルでしたが、当時のオペラの主題は、たあいのない色恋沙汰に終始していました。ただウェーバーのオペラが「民族的なもの」「ロマン的なもの」をとりあげていたのでした。ワー

グナーはこの方向をさらに推し進め、いっそう強力なオーケストラの表現力を結びつけようとしました。

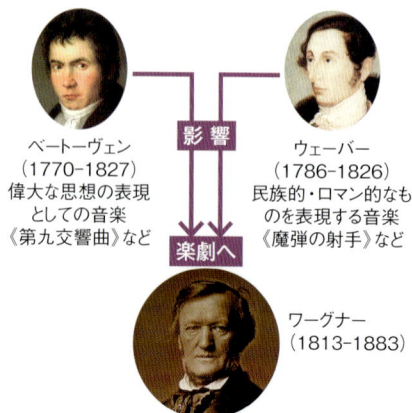

ベートーヴェン
（1770-1827）
偉大な思想の表現
としての音楽
《第九交響曲》など

影響

ウェーバー
（1786-1826）
民族的・ロマン的なものを表現する音楽
《魔弾の射手》など

楽劇へ

ワーグナー
（1813-1883）

まずワーグナーが題材として目をつけたのは、ゲルマン民族の神話や中世の伝説でした。さらにキリスト教的な「罪のつぐない」「贖罪（しょくざい）」の思想が結びつきます。物語のレヴェルで従来のオペラから歩み出すと、次は音楽の革新が続きます。

「楽劇」までの道

作品	あらすじ	特徴
《さまよえるオランダ人》（1841）	あらすじ 裕福な商人ダーラントは、幽霊船でやってきたオランダ人に娘ゼンタとの結婚を申し込まれる。ゼンタは彼女に思いを寄せる青年エーリクの説得も聞かずオランダ人への思いを募らせ、貞節を証明するため身を投げる	アリアや重唱や合唱など、オペラのなかの独立した楽曲に番号を付した伝統的な「番号付きオペラ」の形式
《タンホイザー》（1845）	あらすじ 女神ヴェーヌスの虜（とりこ）となり、歌合戦で愛欲を歌ったために非難され、巡礼に出たタンホイザー。しかし、教皇の赦しは得られない。失意のタンホイザーを救ったものは…？	オペラ内のそれぞれの曲に、番号をつけることをやめる
4部作《ニーベルングの指環》より 序夜《ラインの黄金》（1854） 第1夜《ワルキューレ》（1856）	あらすじ 全上演に4夜を要するワーグナー畢生の大作。手に入れたものに世界の支配と不幸をもたらす指環。これを巡って神々や人間、小人や巨人が繰り広げる壮大なストーリー	すべての歌唱声部は単純な反復を排して延々と続き、オーケストラの1パートになったかのよう。音楽はひとつの大きな流れになる。これを「無限旋律」という。さらに「示導動機」が導入される
《トリスタンとイゾルデ》（1859）→次ページ		ベルリオーズの固定楽想（→p.151）をさらに発展させたもので、ある人物や観念などを特定の旋律で指示し、劇的な展開を促し、意味づける。「楽曲の寄せ集め」を意味する「オペラ」の要素はどこにもない。「楽劇」*が誕生した

示導動機は映画音楽でもよく使われている。たとえば『スター・ウォーズ』でダース・ベイダーが登場するシーンで流れるメロディなど

「番号付きオペラ」とは

例：モーツァルト作曲《フィガロの結婚》（1786）

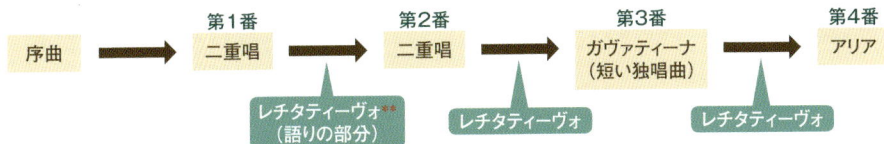

序曲 → 第1番 二重唱 → 第2番 二重唱 → 第3番 ガヴァティーナ（短い独唱曲）→ 第4番 アリア

レチタティーヴォ**（語りの部分）　レチタティーヴォ　レチタティーヴォ

＊楽劇…独：Musikdrama「音楽劇」の意味。
＊＊レチタティーヴォ…話し言葉の自然なリズムやアクセントを模した歌い方。

《トリスタンとイゾルデ》

　《ワルキューレ》の次に完成したのが《トリスタンとイゾルデ》(1859) です。これはワーグナーの代表作となっただけでなく、ロマン派音楽の金字塔ともなりました。台本が中世の騎士物語に基づき、「永遠の愛」をテーマとするなど、きわめてロマン的な内容であるからだけではありません。《トリスタンとイゾルデ》はロマン派の音楽様式を究極まで推し進め、次の時代にとっての試金石となるような作品となったのです。

あらすじ

　この物語は、イングランドの騎士トリスタンと、アイルランドの王女イゾルデとの悲恋です。ふたりが属する国は昔からの敵国同士であり、戦のさなかにトリスタンはイゾルデの許嫁を討ち、殺害しています（その生首をイゾルデに送り届けてさえいます）。さらにトリスタンが仕える国王であり叔父の后として、（何を思ったか）トリスタンはイゾルデを推挙したのでした。こうしてトリスタンとイゾルデの愛が成立するには、三重の障害があることになります。これはこの世ではふたりの愛はとうてい成就しないということです。トリスタンは、国王の命令で、アイルランドへイゾルデを迎えに行きます。劇はその帰途の船のなかから始まります。

イングランド

トリスタン

アイルランド

イゾルデ

●敵国に属する者同士
●イゾルデの許嫁を
　　トリスタンが殺害
●イゾルデは
　　マルケ王と結婚予定
　　しかし
ふたりは愛しあってしまった！

主　　甥　　家来

従　　叔父　王

夫婦

主

従

クルヴェナール

マルケ王

ブランゲーネ

心理劇と示導動機

許嫁を殺されたイゾルデにとって、トリスタンは仇のはずです。少なくとも表面上はそうです。ところが何か変です。次のような場面があります。イゾルデは執拗にトリスタンとの接見を望むのです

が、トリスタンは会おうとしません。国王の花嫁に近づかないようにしているからです。それでもイゾルデは侍女のブランゲーネを使いにさし向けました。

CD 49 第1幕 第2場

舞台上では… **CD 00:00〜**
気をつけなさい トリスタン! イゾルデの 使いです
何? イゾルデ?
CD 00:16〜
姫の 使い?…

CD 00:09〜

オーケストラでは… 憧れの動機

イゾルデの使いが来たという従僕クルヴェナールの言葉に、トリスタンは敏感に反応し、そこにオーケストラが合いの手を入れます。これこそ前奏曲冒頭で示された示導動機「憧れの動機」の断片にほかなりません。

憧れの動機は要所要所で姿を現します。ある時はイゾルデの歌唱声部に、ある時はオーケストラに現れ、ふたりの愛が表面化すると、十全な姿で提示されるのです。明らかにこの動機は「憧れ」であるという意味づけによって、状況を説明しているのです。

この示導動機によると、現世のどんな障害をも超えた「憧れ」がトリスタンとイゾルデのふたりを結びつけていたのだということになります。実際《トリスタ

ンとイゾルデ》の主題は「すべてを超えた愛」にあり、それは死においてしかかなえられないという結論に至るのです。そして、あらゆるものを超越して心のうちに燃え上がる「憧れ」を、言葉ではなく、オーケストラがほのめかすとき、示導動機は真骨頂を発揮します。なぜなら、たとえ舞台の上ではいがみあっているとしても、示導動機は本音を語るからです。言葉は嘘をつけても、音楽は真実を語るしかないのです。こうして表面上はどんなに反発しあっていても、宿命的に結びついたふたりの運命を、水面下で、オーケストラが明かすのです。示導動機はキャラクターや観念を表しただけでなく、心の深層に光をあて、《トリスタンとイゾルデ》をかつてない心理劇としたのでした。

185

憧れの動機

《トリスタンとイゾルデ》の前奏曲で提示される「憧れの動機」とは、次のような楽想です。

CD 50 前奏曲 憧れの動機

これは憧れの動機といわれておる

半音階で上行する旋律線が特徴的で、上へ上へと向かう様子が「憧れ」を音楽的に表しているかのようです。この旋律線がほとんどそのまま前ページでみた第1幕第2場で現れています。しかしここではハーモニーに注目してみましょう。フレーズの最後（3小節目）の和音（①）は、イ短調（もしくはイ長調の）の「属七の和音」となります。音楽理論を知らなくとも、この和音の響きはすぐにわかります。属七の和音は典型的なドミナントで、起立―礼―着席では「礼」の和音です。つまり「着席」への解決を待つ、和音なのです。

ところが解決は来ません。音楽は同じことを、今度は高さを変えて繰り返します（②）。今度フレーズが達するのはハ長調の（もしくはハ短調の）属七の和音となります。こうして音楽は解決（あるいは「着席」でもいいですが）することなく、どこまでも続くことになります。

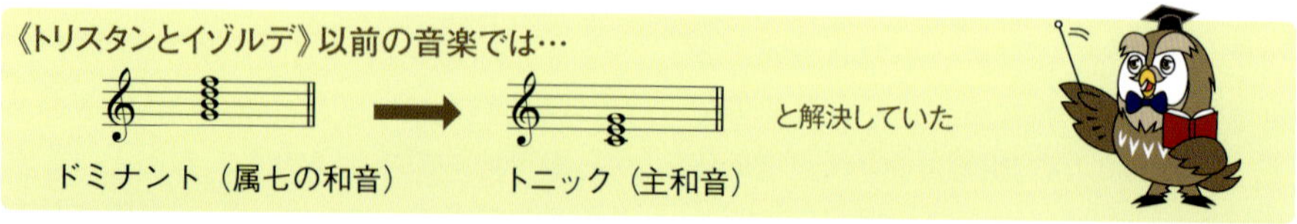

《トリスタンとイゾルデ》以前の音楽では…

ドミナント（属七の和音） → トニック（主和音） と解決していた

ところが《トリスタンとイゾルデ》では…

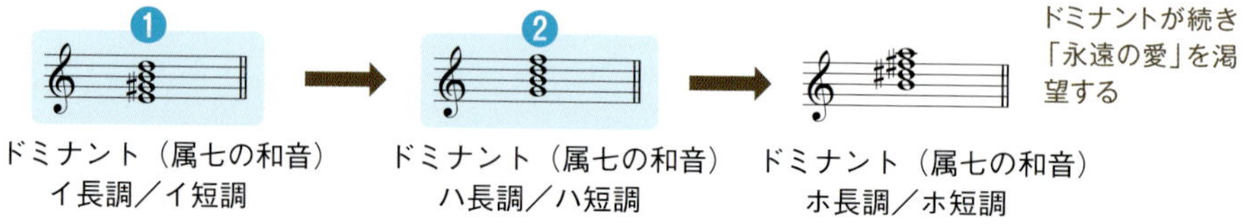

① ドミナント（属七の和音）イ長調／イ短調 → ② ドミナント（属七の和音）ハ長調／ハ短調 → ドミナント（属七の和音）ホ長調／ホ短調

解決されないままドミナントが続き「永遠の愛」を渇望する

186

これはトリスタンとイゾルデを象徴しています。なぜならドミナントはトニックへ解決する和音であり、トニックへの「憧れ」を秘めている和音だからです。しかし解決すべきトニックは現れません。度数を変えて、何度となく、空しくもドミナントが響くだけなのです。それは

ちょうど「永遠の愛」を渇望する《トリスタンとイゾルデ》の宿命そのものです。あらゆる束縛を乗り越えてそこへ到達しようとしても、彼らの憧れがかなえられることはありません。解決すべきトニックを欠いたドミナントのように、です。

まとめ

《トリスタンとイゾルデ》は最後の最後にロ長調のトニックに解決します。それはイゾルデがトリスタンの後を追って、死を選ぶときです。「永遠の愛」は死のうちにしか存在しないのです。

CD 51 第3幕 第3場《イゾルデ愛の死》

おお何という幸せ

(69)

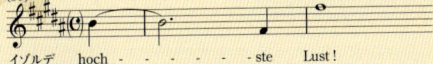

イゾルデ　hoch - - - - - ste　Lust !

トニック

最後にはやっとトニックに解決する。ふたりの死によって…

イゾルデはトリスタンの後を追って死んでいく

　ロマン派が求めた「愛」は「死」となったのでした。この「愛の死」の思想は「現実を超えたもの」を志向するロマン派の究極の回答となります。またドミナントを濫用した和声様式は、音楽の中心となる「調」を失わせてしまい、ルネサンス以来育んできた西洋の機能和声を解体へと追いやるものでもありました。ロマン派のマイルストーンともいえる《トリスタンとイゾルデ》は、調性音楽の墓標ともなったのです。

どのように異質な魅力であっても、《トリスタン》の最初のハーモニーが鳴り響くと、その魔法は解かれてしまうのだ

《トリスタンとイゾルデ》を絶賛するニーチェ

《トリスタンとイゾルデ》第1幕前奏曲の自筆スケッチ（1857年10月1日）

ベートーヴェンを継ぐのはわたしだ！
交響曲のゆくえ
♪ブラームス 交響曲第1番

ベートーヴェンの《第九》の偉大さは、続く作曲家にとって、大きなプレッシャーとなりました。「だから」ワーグナーは新しく楽劇を創出したのに対し、ブラームスは「それでも」伝統を守らなければならない、と考えたのでした。そこからふたつの流れが生まれ、ブラームスはロマン派交響曲の可能性に挑戦したのでした。

ブラームスが活躍していた頃のウィーン（1892年）

ブラームスの「新しい道」

大作曲家の例にもれず、ブラームスも幼い頃から音楽的才能を発揮しました。一大転機となったのは、二十歳のときのシューマン訪問でした。シューマンはただちにブラームスの才能を見抜き、ドイツの楽壇に天才が出現したことを告げたのでした。「新しい道」という論稿のなかで、ブラームスこそはベートーヴェン以来の交響曲の伝統を受け継ぐだろう、とシューマンは予言したのです。

シューマンはその後、ライン川へ投身自殺を図り、2年後の1856年に亡くなります。ブラームスは遺されたクララと子供たちを援助し、激動の生活のなかで、創作に励むことになります。彼はみずからの創作を称して「ベートーヴェンの足音を背後に聞きながら」狭き門を歩むことである、といっています。

『新音楽雑誌』に掲載された「新しい道」（1853年10月28日）

シューマン（1810-1856）

ブラームス（1833-1897）

そんなとき、ドイツの音楽界を二分する論争が起きます。音楽のよりどころを音楽の外に求めるリストやワーグナーの新しい動向に対し、ブラームスはあくまでも**音楽は音楽として自律しているべき**であると主張したのです。音楽以外の何ものにも依存しない音楽、それは「**絶対音楽**」と呼ばれることになります。絶対音楽は**交響詩**（→p.177）などの**標題音楽**や、ワーグナーの**楽劇**（→p.182）の対立項となりました。それはベートーヴェンを代表とする**ウィーン古典派**を正統に継承する音楽とみなされ、ブラームスはその守護神とされたのです。

絶対音楽派	VS	標題音楽派
▶ブラームス ▶ハンスリック （音楽批評家）		▶ベルリオーズ ▶リスト ▶ワーグナー
音楽は音楽自体で完結している！		音楽で音楽外の何かを表現する！

「第10交響曲」

ブラームスが最初の交響曲を完成したとき、シューマンのあの予言から20年以上の歳月が流れていました。しかしブラームスの「第1番」は、やがて「第10番」として、不動の地位を獲得するに至ります。「第10番」というのは、指揮者のハンス・フォン・ビューローの言葉ですが、ベートーヴェンの《第九》以来の交響曲出現を意味するウィットに富んだ表現とみなされます。《第九》の後もメンデルスゾーンやシューマンを始め、多くの交響曲が生み出されてはいたのですが、ベートーヴェンに比肩する作品は出ていないというのが一般的な評価だったのです。この空白の約50年に終止符を打ったのが、ブラームスの「第1番」＝「第10番」でした。

さらにブラームスの第1番は過去を向いているだけではないのです。交響曲の未来をも拓いているのです。ブラームス以来、同時代のブルックナーをはじめ、ロマン派交響曲の黄金時代が訪れるのは偶然ではないはずです。ブラームスの第1番は新しい時代の交響曲の可能性を示し、ロマン派交響曲のひとつの回答となったのです。それはどのようなものだったのでしょう。

シューマン

メンデルスゾーン

ベートーヴェンの遺産

ブラームス

リスト

ベルリオーズ

ワーグナー

描写性 ロマンティシズム 叙情性 伝統を継承 理念性

ハンス・フォン・ビューロー（1830-1894）
19世紀後半を代表する指揮者。ブラームスを高く評価し、ドイツを代表する作曲家としてバッハ・ベートーヴェン・ブラームスをあげ、「三大B」と称した

ベートーヴェン的要素

ハイドン、モーツァルトの規範によれば、交響曲でもっとも重要な楽章は第1楽章でした。これに対して、ベートーヴェンは交響曲の重心を第4楽章に移し、フィナーレを全体の結論的な音楽としました。これらを引き継いで、ブラームスの第1交響曲では、第1楽章と第4楽章の両方に重心が据えられました。それを象徴するのが両端楽章に置かれた重い序奏です。（第1楽章 序奏 CD 52）

> とくに特徴的なのがフィナーレだ。構成を見てみよう

第4楽章の構成

CD 53	序 奏			ソナタ
CD 00:00〜		CD 00:29〜	CD 02:05〜	CD 03:25〜
Adagio（緩やかに）		*Più Andante*（より歩行調で）	コラール	*Allegro non troppo*（速すぎないで快速に、
ハ短調	暗黒から光明へ		ハ長調	

第4楽章はハ短調で始まります。まずハ短調という調性そのものがベートーヴェン好みですが、ブラームスはこの序奏にハ短調からハ長調への構想をもち込みました。これはベートーヴェンの「暗黒から光明へ」の図式にほかなりません。こうしてブラームスの序奏は、《運命》交響曲の第3楽章から第4楽章への「トンネル」のような役割を果たすことになります。61小節目からのアレグロ主部の第1主題がベートーヴェンの《第九》の「歓喜の主題」と酷似しているという表面レヴェルより、序奏のこの構想こそ、いっそう深いレヴェルでベートーヴェン的なのです。

ただしその効果は若干異なります。《運命》では光へ向けて徐々に接近したのに対し、ブラームスでは緊迫の頂点とともに闇は去り、すぐに光が射し込んでくるのです。光を導き入れるのは、ホルンの感動的な旋律です。ハ長調なのにファにシャープがつくこの旋律は、明らかに自然倍音を思わせ、ナチュラル・ホルン——たとえばアルペン・ホルン——を想わせます。ブラームスはこの

CD 00:29〜 第4楽章 序奏よりホルンの旋律

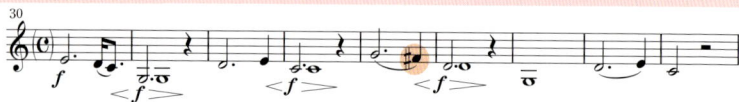

ホルンが「常にフォルテで、情熱的に」(ブラームスの指示)旋律を吹ききると、トロンボーン奏する<u>コラール</u>が入ります。すでに第1楽章の展開部でも、ブラームスは「元気を出せ、わが弱き心よ」というコラールを導入していました。第4楽章の序奏のコラールは、最後の白熱したコーダで舞い戻り、勝利の雄叫びをあげることになります。

コラールとは、かの宗教改革のルター以来、プロテスタントの賛美歌として用いられた音楽です。それは民衆の宗教的心情そのもののような旋律なのです。ブラームスはそれをプロテスタントや宗教がらみではなく、普遍的な「祈り」や「精神性」の表現として用いたようです。交響曲はただのオーケストラ音楽ではなく、精神性を潜えた音楽でなければならないからです。

🔴 **CD 02:05〜** 第4楽章 序奏よりコラール部分

形式		コーダ

CD 54

ma con brio
ただし生き生きと)

CD 00:00〜
Più Allegro (もっと快速に)

CD 00:19〜
コラール再現

第2章 *Part 4* ロマン派の音楽⑧

旋律に「高き山より、深き谷より、あなたに千回の挨拶を贈ります」という歌詞をつけて、クララの誕生日に贈りました。暗雲を晴らし、希望の訪れを告げるのは、山の峰々と渓谷に谺する旋律なのです。

CD 03:25〜 第4楽章 第1主題

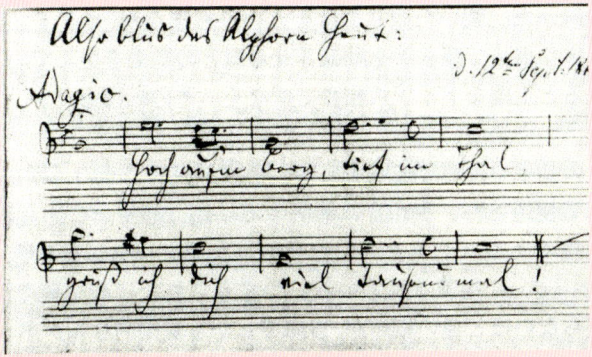

1868年にブラームスがクララに宛てた手紙の一部。
この旋律が、序奏のホルンの旋律となった

クララ・シューマン(1819-1896)
ロベルト・シューマンの妻。夫の死後もピアニストとして活躍しつつ、みずから作曲も行なった。ブラームスとは、生涯に渡って親密な交際を続けた

先人たちの影響

第4楽章全体に関していえば、緩やかな冒頭から最後のコーダに至るまで、テンポが段階的に速くなる構造となっています。これは1838年に発見されたシューベルトの交響曲ハ長調《グレート》の第1楽章を想わせます。さらに第2楽章「アンダンテ・ソステヌート（しっとりとしたアンダンテ）」の中間部で（39小節目以下）、オーボエとクラリネットが歌い交わすところなど、《未完成交響曲》（1865年にようやく陽の目を見ました）の第2楽章そっくりです。

シューベルトからの影響

シューベルト 交響曲ハ長調《グレート》(1825) 第1楽章の構成

序 奏	ソナタ形式	コーダ
Andante（歩くような速さで）	*Allegro ma non troppo*（速すぎないで快活に）	*Più moto*（より動きをもって（速く））

ブラームス 交響曲第1番ハ短調(1876) 第4楽章の構成

序 奏	ソナタ形式	コーダ
Adagio－Più Andante（緩やかに－より歩行調で）	*Allegro non troppo ma con brio*（速すぎないで快速に、ただし生き生きと）	*Più Allegro*（もっと快速に）

緩→急の構成がそっくりだね

ブラームスの交響曲第1番は確かにベートーヴェン的ではあるが、先人たちのさまざまな楽曲を研究した成果であったことがわかる

歌の交響曲

そしてもっともブラームス的な音楽として、第3楽章「ウン・ポコ・アレグレット・エ・グラツィオーソ（やや快速に、かつ優雅に）」があげられます。ブラームスはここで伝統的な荒々しいスケルツォを排することで、ベートーヴェンから遠く離れてしまいました。ブラームスは、交響曲の第3楽章に、歌うような性格が強い中庸のテンポの楽章を置いたのです。じつはこの新機軸にも先例がないわけではありませんが、ブラームスはこのタイプの第3楽章を続く2曲の交響曲でも採用しており、素晴らしい相性を示しているのです。

そして、ここにブラームスの交響曲のロマン性があるといえるでしょう。ブラームスのロマン派交響曲への回答とは、「旋律的なシンフォニー」「歌の交響曲」だったのです。

第3楽章にこめたブラームスの歌心～スケルツォから離れたブラームス

CD 24/25
ベートーヴェン（→p.134）
交響曲第5番《運命》(1808)の第3楽章
(スケルツォ) *Allegro* (快速に)

運命の動機がここでも繰り返される。何かに脅迫されているような楽章

↓ 比べてみよう

CD 55
ブラームス
交響曲第1番 (1876) の第3楽章
Un poco Allegretto e grazioso
(やや快速に、かつ優雅に)

素朴かつ優雅で、落ち着いた雰囲気の楽想

CD 56
交響曲第2番 (1877) の第3楽章
Allegretto grazioso (*Quasi andantino*)
(やや快速に、かつ優雅に [アンダンティーノのように])

オーボエで始まる主題が愛らしい。初演時にはアンコールが要求される程人気があった楽章

CD 57
交響曲第3番 (1883) の第3楽章
Poco Allegretto (やや快速に)

映画『さよならをもう一度』でも使われた。憧れをこめるようにロマンティックに歌い上げている

交響曲第3番の第3楽章など、もっとも「ブラームスっぽい」音楽といっていいだろうな

ロ まとめ ロ

　ブラームスの音楽を旋律的だという印象はあまりないでしょう。彼は旋律をことさら大切にしたために、メロディをポリフォニックな書法のなかに埋め込み、溶け込ませ、深部に仕舞い込んでいるからです。しかし、ブラームスの創作の中心にはほかならぬ歌曲があるのです。交響曲第1番でも「ホルンの光の旋律」を始め、要所で素晴らしいメロディが現れます。そして、よく聴くと、いたるところで美しい旋律の花々に出会うのです。やはり古典主義者といわれるブラームスも、ロマン派の「旋律への志向」を共有していたので

す。そしてそれが新しい交響曲へと結実したのでした。

いきつけの料理店「赤いはりねずみ」へ向かうブラームスの影絵

第2章 *Part 4* ロマン派の音楽⑧

ロマン派

ロマン派＝「夢」

　ロマン派は古典派の理想を失った時代といえるでしょう。フランス大革命の勝利の向こうに素晴らしい未来を見ていたとしたら、その予想は見事に裏切られ、徐々に明らかになるのは、おぞましい混乱だけでした。現実に失望した精神が見た夢、それがロマン派だったのかもしれません。音楽はそうした夢を見させてくれる格好の芸術でした。

　長調・短調がはっきりした古典派様式に代わって、ロマン派音楽は長調と短調の区別を曖昧にしました。そして急に別の世界へ移るような**3度転調**が多用されます。これは時代に底流する「不安」と、夢の世界への「憧れ」の音楽的表現ともいえるでしょう。このようなロマン派様式はすでに**シューベルト**によって完璧にとらえられ、表現されています。そして**シューマン**は生粋のロマン主義者として、ロマンティックな表現をとことん追求しました。

シューベルト
（1797-1828）

シューマン
（1810-1856）

ロマン主義者たちは、自然にも「夢」を求めた
コンスタブル『乾草車』（1821年）

ベートーヴェンの後継者は誰だ！

　一方、偉大なベートーヴェンの《第九》の「その後」をめぐって、ドイツ音楽を二分する動きが表面化していました。交響曲創作を推し進める**ブラームス**、評論家**ハンスリック**らの陣営と、交響曲から「楽劇」や「交響詩」へと転向した**ワーグナー**や**リスト**らの陣営との対立が起きたのです。この対立は音楽家や評論家を巻き込んだ抗争へと発展しました。しかし、**ブルックナー**はワーグナーの様式に影響を受けながら、交響曲の創作を続けてもいました。

ワーグナー
（1813-1883）

ブラームス
（1833-1897）

ブルックナー
（1824-1896）

ハンスリック
（1825-1904）

ワーグナーは楽劇《トリスタンとイゾルデ》においてロマン派の記念碑を打ち建てました。またブラームスの交響曲第

1番の成功以来、交響曲の第2の黄金時代を迎えるのでした。

ワーグナーの楽劇《ニーベルングの指輪》より《ワルキューレ》の舞台画

自作の歌曲の伴奏をするブラームス

「国民楽派」とは?

異郷の地で活躍したショパンとリストが故郷の音楽にこだわったのは、自分が誰で、どこから来たかを確認する必要があったからでした。そしてその流れは民族がみずからのアイデンティティを求めて、時代を動かした「国民楽派」へとつながります。チャイコフスキーやドヴォ

ルザークなど、自分がロシア人であること、ボヘミア人であることが、強固な創作の基盤となったのです。しかし同時に、彼らの作品は個人を超えた世界へも到達しました。国民楽派はロマン派に独自の豊かな色合いを添えました。

個人を支える理想や共同体をなくした喪失感がロマン派の根底にあるとしたら、アイデンティティの追求は時代の究極の命題であったともいえます。

国民楽派の作曲家たちは、自民族の歴史や伝承に基づいた音楽作品を数多く作曲した。図版は、スラブ民族の歴史を描いたミュシャによる連作『スラブ叙事詩』から『ベツレヘム教会で説教するヤン・フス』(1916年)。フス教徒の乱は、スメタナやドヴォルザークによって、音楽化されている

ショパン
(1810-1849)

リスト
(1811-1886)

チャイコフスキー
(1840-1893)

ドヴォルザーク
(1841-1904)

時間は進み、旋律は巡る
循環する「主題」が織りなす形式美
♪フランク ヴァイオリン・ソナタ イ長調

ベルリオーズの《幻想交響曲》は標題音楽への道を開いただけではありませんでした。絶対音楽といわれる純粋器楽にも大きな影響を与えたのです。固定楽想は特定の人物を表すことで、音楽の「物語化」を可能にしたのでしたが、別の効用もありました。ロマン派を代表する名ヴァイオリン・ソナタである、フランクのヴァイオリン・ソナタにも、その痕跡は歴然と現れています。

パリのオルガニスト

フランクはベルギー出身の作曲家で、パリの教会でオルガニストとして活躍しました。フランクは「循環形式」を多用したことでも有名です。循環形式とは同一の主題を楽章を越えて配し、全曲を統一する構成法です。モティーフ（動機）を発展させる作曲法はひと続きの楽曲、あるいは単一楽章の音楽には有効ですが、いくつかの楽章からなる楽曲ではその限りではありません。そこで複数の楽章を結びつけるために、循環形式が用いられることになるのです。ここにベルリオーズの固定楽想の影響を見逃すことはできません。

フランクは比較的寡作な作曲家でしたが、晩年にヴァイオリン・ソナタ イ長調（1886）と交響曲ニ短調（1888）という、フランク一代の代表作を遺しました。これらの音楽では、循環形式が駆使されることになります。

オルガンを弾くフランク（1822-1890）フランクはパリのサン・クロティルド教会のオルガニストとなり、即興演奏の名手としても知られた

ヴァイオリン・ソナタ イ長調

ヴァイオリン・ソナタイ長調でまず特徴的なのは、冒頭の響きです。第1楽章は、「ミ・ソ♯・シ・レ・ファ♯」の和音❶で始まります。

CD 58 第1楽章 冒頭

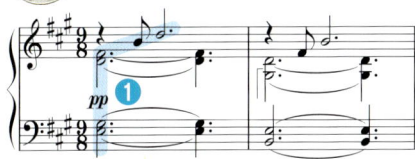

pp ❶

ファ♯
レ
シ
ソ♯
ミ

❶属九の和音

不思議な響き

古典派では「ミ・ソ♯・シ」（イ長調の**属和音**）❷、あるいは「ミ・ソ♯・シ・レ」（同じく**属七の和音**）❸までの和音を使うのが普通です。

❷ 属和音
シ
ソ♯
ミ

❸ 属七の和音
レ
シ
ソ♯
ミ
7度

ところがここでは「ファ♯」まで音が積みあげられ（**「属九の和音」**といいます）、独自の響きを醸し出しています。

ファ♯
レ
シ
ソ♯
ミ
9度

属九の和音

和音の種類が属和音（ドミナント）であることも特徴的です。古典派なら開始の和音は主和音とするのが普通です（イ長調なら「ラ・ド♯・ミ」❹）。ドミナントは起立─礼─着席の「礼」の和音でした。つまり、解決と安定を求める不安定な和音が最初に置かれており、浮遊するように曲は始まるのです。さらに9の和音で「ファ♯」の音がつけ加えられているため、色彩がいっそう豊かになります。こうしてフランクのヴァイオリン・ソナタは、冒頭からこれまでにない世界へ聴く人を導き入れるのです。

古典派

起立！　礼　着席

トニック　ドミナント　トニック

❹

この和音から始まることが多い

フランクは…？

これから一体どんな世界が始まるんだろう…

礼

ドミナント

?

始めから不安定で幻想的な和音

循環する主題

　もう少し詳しくみてみましょう。ピアノに誘い出される
ようにして、ヴァイオリンが美しい旋律を歌い出します。

第1楽章 冒頭の旋律　Ⅰ　　CD **58**　00:13〜

molto dolce
└── きわめて甘美に

この旋律（Ⅰとしましょう）が続く楽章で何度も現れます。どのように姿を現すか、みてみましょう。

❶ 第3楽章のAで、ピアノの前奏とヴァイオリンのパッセージの後で、ピアノ・パートに現れます。

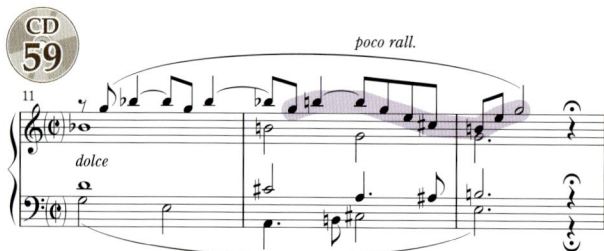

CD **59**

poco rall.

dolce

> 第1楽章の8分の
> 9拍子が2分の2拍
> 子になっているけ
> ど、Ⅰとはっきり聞
> こえる

❷ 第3楽章の後半Bで、ヴァイオリンでさりげなく現れます。

CD **60**

dolcissimo

> やっぱりⅠを思い
> 出したみたいなメ
> ロディ

❸ 第4楽章の冒頭主題。これもⅠの変形です。しかし旋律の音程とリズムは違うし、指摘され
なければ、同じものとは聞こえないかもしれません。

CD **61**

Allegretto poco mosso

dolce cantabile

dolce cantabile

sempre legato

> フランクはまっ
> たく同じ形では
> 出さなかった！

次に第３楽章の後半に出る旋律Ⅱ、およびそこから高揚して歌われる旋律Ⅲも循環します。第４楽章の構成はＡＢＡＢＡＣＢＡとなり、ＢとＣで第３楽章の旋律ⅡⅢが呼び戻されるのです。これはほとんどそのままであるため、聞き逃しようがありません。

第3楽章の旋律　Ⅱ

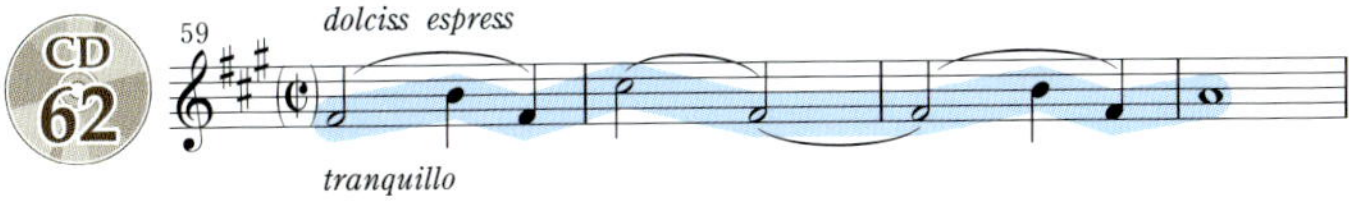

CD 62

dolciss espress

tranquillo

❶第４楽章

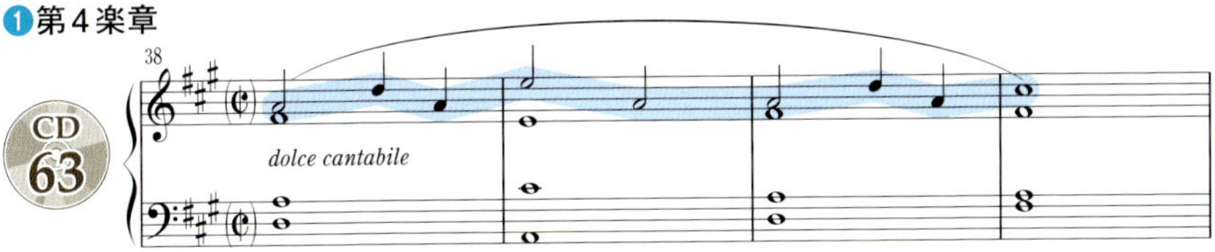

CD 63

dolce cantabile

第3楽章の旋律　Ⅲ

CD 64

a tempo

mf *dramatico*　　　*molto cresc.*

❶第４楽章

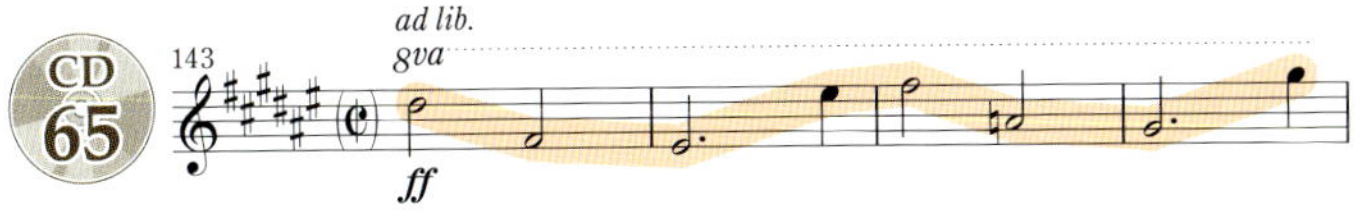

CD 65

ad lib.
8va

ff

全体を図示すると、こうなります。

楽章	第1楽章	第2楽章	第3楽章	第4楽章
構成	A B A B	A B A	A　　B	A B A B　A　C B A
循環する旋律	Ⅰ　　Ⅰ	★　　★	Ⅰ　ⅡⅢ ⅢⅡⅢ	Ⅰ Ⅰ Ⅰ Ⅰ　～展開 Ⅲ Ⅱ Ⅰ　★

フィナーレ（第4楽章）がそれまでの主題を集大成しているのがわかります。そして第3楽章が主題のネットワークの中継点となっているのです。

主題の関連

ここで気になることがあります。主題の循環のネットワークのなかに第2楽章が入っていないことです。少なくとも「聞いてわかる」レヴェルでは、第2楽章はほかの楽章と主題を共有していないようです。とはいえ、次のような共通するフレーズがあります。これらは変化することなく、同一の素材として現れます。

❶ 第2楽章に出る下のフレーズは、ほとんどそのまま第4楽章にも現れます。ただしほとんどつなぎのパッセージのようで、印象には残らないでしょう。音の形がⅠと似ているために、Ⅰの変形だともいわれることがあります。前ページの表では★で示しています。

第2楽章

第4楽章

ほかにも第2楽章の中間部80小節目以下に出るフレーズは、第3楽章でⅡを導き出すところ（53小節目以下）で、わずかに姿を現します。

しかしこれらはⅠⅡⅢのように明確な性格をもつ「主題」の実質はなく、またあまり重要でない部分で使われているにすぎません。ほかの楽章の循環主題が大きな太い流れで貫かれているのに対し、第2楽章との関連づけは、単発的といわざるをえません。

主題の変化

フランクのヴァイオリン・ソナタにおける循環形式は、同じ旋律をそのまま繰り返すというものではないことがわかります。当然それらは「同じもの」として認知されなければならないのですが、「まったく同じで」はないのです。それを象徴的に示しているのがⅠです。フランクはそのままの形でⅠを繰り返さず、楽章と場所で刻々と変え、第4楽章では美しいカノンとしたのでした。つまり第4楽章でそれまでの主題が帰ってくるとき、以前よりも音楽はいっそう高密度となっているのです。ⅡとⅢも第4楽章ではより広大かつ濃密に展開されます。

直線的な時間の流れ

　西洋音楽のもっとも基本的な発想では、**時間の経過とともに、音楽は内容が濃く、情報量が多くなっていく**のが普通です。同じ主題を再び後で出すとき、楽器が増えたり、構造が複雑になったり、別の旋律がついたり、ハーモニーが豊かになったりするのです。古典派のソナタは別の性格をもつ楽章を並べたのでしたが、ロマン派は楽章配列にもある発展を見るようになりました。第1楽章、第2楽章、第3楽章…と音楽体験が累積されているとすると、第1楽章のものを後でもとのまま出すことは、むしろ硬直的となります。根底にあるのは西洋的な**直線的な時間観**であり、ロマン派はそれを深いところで感じていたのでしょう。

　「まったく同じ」で再現するならば、まったく同じである理由が必要です。たとえば標題音楽で「彼女がまったく同じ姿で現れた」とあれば、そうすべきなのでしょう。しかしそうした標題がない純粋器楽では、まったく同じであることは退化を意味します。

　ヴァイオリン・ソナタではⅠⅡⅢの主題の「循環」によって、第1・3・4楽章が時間的発展のなかにあるとしたら、第2楽章はその外側にあるように見えます。第2楽章の素材は断片的であり、ほかの楽章との関連は「そのまま」で発展性に乏しいからです。だからといって、第2楽章を含む全4楽章の構成が有機的でないということにはなりません。それは同じ主題をすべての楽章で機械的に提示すれば、統一が得られるというものでもないのと同じです。むしろ「発展するもの」は「発展しないもの」によってはじめて気づかされるとしたら、第2楽章の存在は4楽章の構成のなかで必要不可欠な位置を占めているのかもしれないのです。

> 西洋音楽では、直線的な時間観が特徴ともいえるのじゃ

まとめ

　ベルリオーズが創始した固定楽想は、異なる楽章間に配されることによって、多楽章の音楽を有機的に統一するという機能ももっていたのでした。固定楽想のこの純粋に形式的な側面が、後に「循環形式」へと発展したのです。しかし循環形式では同一主題をそのまま繰り返せばいいというものでもなく、主題は時間の経過とともに必然的に「成長」していくかのようです。楽章間を越えた主題の扱いは、じつはベートーヴェンなどにもすでに垣間見られていました（《運命》→p.134）。前の時代にはまだ潜在的だったものを意識化し、そうした作曲法を「循環形式」と命名した結果、新しい展開が生まれたのです。それを促したのが、ベルリオーズの《幻想交響曲》だったのであり、その純粋器楽における最大の成果のひとつがフランクのヴァイオリン・ソナタだったのです。

民族の響き、民族を超えて… 「国民楽派」

♪ドヴォルザーク 交響曲第9番《新世界より》

　革命が引き起こした争乱の波は、震源地であるフランスから徐々に周辺へ波及し、さまざまな地方で民族意識を目覚めさせることになりました。ここに「民族主義」の発揚という19世紀のもうひとつの側面が現れるのです。こうした時代の流れは音楽史上に「国民楽派」を生み出しました。

ミュシャ『スラヴの収穫祭』（1912年）

国民楽派

　ポーランド出身のショパンは、祖国の民族舞曲「マズルカ」を多数作曲しました。そこでは民族音楽的な表現がスパイスのように用いられています。ハンガリー生まれのリストも、民族的な旋法を大胆にとり入れました。彼らは故郷を離れ、単身で、パリやウィーンなどを活躍の場としたのでした。しかし19世紀も中頃になると、ヨーロッパの各地で民族主義的な気運が高まります。

　ロシアではグリンカが国民楽派の礎を築き、1862年にはボロディンやムソルグスキーたちによって「五人組」が結成されました。これは民族的な芸術音楽の創出を志す作曲家集団ですが、「西欧派」といわれたチャイコフスキーも、民族意識において彼らに劣るものではありませんでした。チェコではスメタナが、オーストリアの支配に対して、義勇軍として立ち上がっていました。国を追われたスメタナは、祖国に戻り、1866年初演のオペラ《売られた花嫁》で大成功を収めます。このオペラに啓発された作曲家のひとりにドヴォルザークがいました。ノルウェーからはグリーグ、フィンランドからはシベリウスが輩出されました。彼らはドイツ・ロマン派の音楽を基礎にしながらも、民族的なものをとり込んだ音楽を展開していくのです。

国民楽派の作曲家たち

シベリウス
(1865-1957)

フィンランド

ノルウェー

ロシア

グリーグ
(1843-1907)

グリンカ
(1804-1857)

ボロディン
(1833-1887)

ムソルグスキー
(1839-1881)

チャイコフスキー
(1840-1893)

スメタナ
(1824-1884)

ドヴォルザーク
(1841-1904)

チェコ

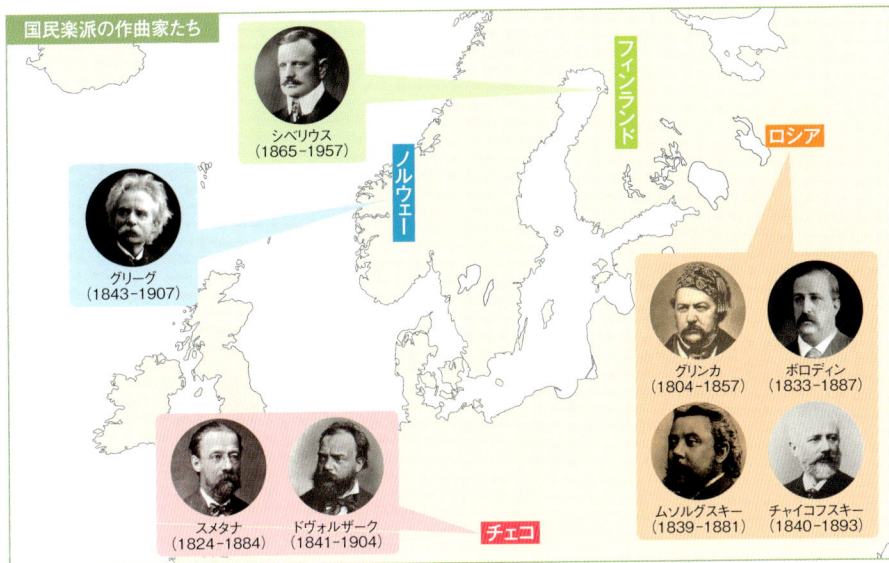

「ボヘミアのシューベルト」

ドヴォルザークにはいくつかの立脚点があると考えられます。ひとつはいうまでもなく**チェコ国民音楽**です。スメタナの後継者として、祖国の民族的基盤なしにドヴォルザークの創作はありえませんでした。西欧派か国民楽派かという選択に迫られたとき、彼はいつも後者を選んでいます。もうひとつは、逆に、国際派という立脚点です。ドヴォルザークはもともとはドイツ・ロマン派に憧れ、ブラームスに見出され、またイギリスに渡って大成功を収めています。彼の音楽が民族的な特性に依存しているだけではなく、一地方を超えた性格をもつのも明らかです。そしてさらに音楽史上でも希に見る「旋律家」としての資質が、彼を支えています。「ボヘミア（チェコの西部・中部をさす歴史的地名）のシューベルト」ともいわれるドヴォルザークには、

彼がゴミ箱に捨てた素材を集めるだけで1曲の交響曲が書けるだろう

ドヴォルザークの「旋律家」ぶりを評価するブラームスの言葉

美しいメロディがこんこんと湧き出る泉が備わっているかのようです。

そんなドヴォルザークは、1892年、アメリカに招かれ、ニューヨーク・ナショナル音楽院の院長として、3年間をすごしました。実り多いアメリカ滞在でした。弦楽四重奏曲第12番《アメリカ》(1893)、チェロ協奏曲の最高峰ともいわれるチェロ協奏曲ロ短調（1895）などの一代の名作が生まれたのです。そして何よりも、交響曲第9番ホ短調《新世界より》(1893) です。

《新世界より》の民族的要素

交響曲《新世界より》は4つの楽章からなり、伝統的な形式を踏襲しています。
- 第1楽章：序奏付きソナタ形式
- 第2楽章：緩徐楽章
- 第3楽章：スケルツォ
- 第4楽章：急速なフィナーレ

と、完璧に規範どおりです。では民族的な要素はどこにあるのでしょうか。

第1楽章は提示部で3つの主題があります。ソナタ形式では主題はふたつということになっていますが、ホ短調の第1主題とト長調の第2主題の間に、もうひとつ旋律が入るのです。いかにも旋律家ドヴォルザークらしい作曲法です。

ところでこれは民族音楽でよくあるバグパイプの音楽のようです。「レ」のドローン（持続する同一音）が引き延ばされるなかで、管楽器が旋律を歌うのです。

CD 66 第1主題

ホ短調

24

mf *f*

CD 67 中間主題

91

p *fz* *fz* ファ♯

pp ドローン

CD 68 第2主題

ト長調

149

p

第1楽章 序奏付きソナタ形式 *Adagio - Allegro molto* （穏やかに–より快速に）	➡	第2楽章 緩徐楽章 *Largo* （緩やかに）

第2楽章ラルゴのあまりにも有名な《家路》の旋律が、五音音階風なのもよく知られています。五音音階は第4音と第7音がない音階で（「四七抜き音階」ともいわれます）、世界中の民謡でよく見られる音組織です。しかし、それを長音階や短音階に基づく西洋音楽のハーモニーと組み合わせることは、ひとつの課題となるはずです。西洋音楽の核といえる第7音（導音）を欠いているため、ドミナントがつくれないからです。

CD 69 00:41〜 《家路》の旋律（ラルゴ主題）

7

p イングリッシュ・ホルン

五音音階

レ♭	ミ♭	ファ	(ソ♭)	ラ♭	シ♭	(ド)	レ♭
1	2	3		4	5		8

　しかも中間部の旋律に出てくる「ファ」はナチュラルしています。これがもし西洋音楽でいうト短調ならば、この「ファ」はシャープするはずです。主音である「ソ」への導音となり、ドミナントを形成するからです（→p.52）。導音がないということは、エオリア旋法といえるでしょう。調性確立以前の旋法が地方にはまだ残っていたのです。こうして近代以前のひなびた響きが、この部分をきわめて印象的なものにしています。

ト短調

ソ ラ シ♭ ド レ ミ♭ ファ♯ ソ
1　2　3　4　5　6　7　8

エオリア旋法（ソを主音とする）

ソ ラ シ♭ ド レ ミ♭ ファ ソ
1　2　3　4　5　6　7　8

　民族的な要素は全4楽章の至るところに見られるのですが、もっとも顕著なのは第3楽章かもしれません。ホ短調のスケルツォは冒頭から60小節もの間（10小節ほどを除いて）ほとんどワン・コードの音楽です。伝統的にホ長調から向かうべきト長調はまったく顧慮されてもいないようです。これはバグパイプ的、ドローン的な発想であり、《新世界交響曲》の多くのページで見られる特徴です。

バグパイプ

イギリスのものが有名だが、世界の多くの民族で使われている楽器。旋律を演奏する主唱管と持続音を鳴らす通奏管（ドローン）が付いている

第3楽章 スケルツォ *Molto Vivace* （とても生き生きと）	第4楽章 急速なフィナーレ *Allegro con fuoco* （快速に情熱的に）

　ドヴォルザークは終止部分で、ドミナントによる終止ではなく、柔らかいアーメン終止を用いています。この楽章のおおらかで、まさに「ラルゴ（ゆったりと）」的な性格は、五音音階とアーメン終止によるところが大きいのでしょう。

アーメン終止

変ニ長調

サブドミナント ⇨ トニック

形式は交響曲の伝統にそっているが、

民族的な要素がいっぱい！

《新世界交響曲》の主題の循環

《新世界交響曲》は民謡や古い音楽の要素をとり込んでいるだけでなく、いわば最新の構成法もとり入れています。**循環形式**です。たとえば第1楽章の第1主題は続く全楽章で姿を現します。図で示しましょう。

循環形式は、ソナタ形式に代わって楽曲に統一感を与えるための最新の技法だったね

フランクが使っていたあれね!

この主題に注目して聴いてみよう!

CD 66 第1楽章 第1主題

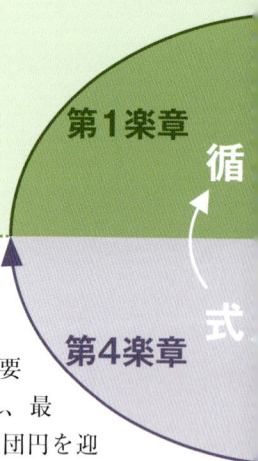

第1楽章

第4楽章

循環式

第4楽章に関していえば、第1楽章第1主題が戻るのは1回ではありません。少なくとも4回現れ、最後に第4楽章の第1主題と同時に出るのです。この部分はこの楽章のみならず《新世界交響曲》全曲最後の、そして最大のクライマックスともいえるところです。そこで第1楽章と第4楽章の主要主題が組み合わされ、最終的な結論として大団円を迎えるのです。

CD 73 第4楽章 第1主題

第4楽章のなかで第1楽章第1主題が登場する箇所

など

CD 75 01:13〜 第4楽章 終結部

第1楽章 第1主題

第4楽章 第1主題

第2楽章では、ラルゴ主題（《家路》の旋律）の荘重な流れに続いて、エオリア風短調の中間部がもの寂しい雰囲気を醸し出します。やがて鳥のさえずりでしょうか、オーボエからにぎやかな音がこだまし、総奏へと膨らんでいきます。その頂点で第1楽章の主題が回帰するのです。

CD 69 第2楽章 ラルゴ主題

イングリッシュ・ホルン

第1楽章の主題とほかの主題が同時に奏されている

第2楽章

環

形

第3楽章

　このとき、第1楽章の第1主題とともに、第2主題も現れ、これらがラルゴ主題と組み合わされます。かつてあったふたつのできごとが、何かのはずみで、同時に想い起こされることはないでしょうか。ちょうどそんな感じで、第1楽章のふたつの主題が第2楽章で結合されるのです。

CD 70 第2楽章 主題の結合

第1楽章 第2主題

ラルゴ主題

第1楽章 第1主題

《新世界より》の初演の様子を伝えるニューヨーク・ヘラルド紙の記事（1893年12月16日付け）

　第3楽章ではティンパニの轟きの後、活発なスケルツォ主題が奏されます。そしてコーダの最後の盛り上がりのところで、第1楽章の第1主題がスケルツォ主題と並列されます。

CD 71 00:07〜 第3楽章 スケルツォ主題

CD 72 第3楽章 並列する主題

ホルン

第1楽章 第1主題

フルート、オーボエ　スケルツォ主題

総決算としてのフィナーレ

《新世界より》では第1楽章の主題が全楽章に循環されるだけではありません。第2楽章の主題も、第3楽章の主題もフィナーレで再現されるのです。

CD 69 第2楽章 ラルゴ主題

イングリッシュ・ホルン

CD 71 第3楽章 スケルツォ主題

CD 73 第4楽章 第1主題

両者は常に同時に現れます。たとえば第4楽章の次の部分ではいくつもの主題が組み合わされています。

CD 74 第4楽章 組み合わされた主題

フルート、クラリネット

156

第1ヴァイオリン

ヴィオラ

pp

チェロ、コントラバス

158

dim.

dim. 3

しかし驚くべきはコーダでしょう。ここでは主題のみならず、第2楽章冒頭のあの印象的な金管のコラールまでがそっくり出現し、その後、クラリネットでラルゴ主題が出るのです。つまり第2楽章の最初の部分がそのまま回帰することになります。ただし金管楽器にピアニッシモが指示されたあの荘重で森厳ともいえる風情はなく、圧倒的なフォルティッシモで回帰するのです。

CD 69 第2楽章 冒頭

ppp

CD 75 第4楽章 コーダ

299

ff   fz   fz   fz   fff

第2楽章では荘厳な感じだったのに

スゴい迫力！

つまり第4楽章はそれまでの楽章の主要主題がすべて再現されることになります。まるでいくつもの川の流れが最後に海へたどり着くように、**第1楽章から第3楽章までの主題は最終的にフィナーレに流れ込む**のです。こうしてフィナーレはそれまでの音楽の総合として、あるいは《新世界より》の総決算として全曲を締めくくる音楽となります。

最後の終結部分は巨大なアーメン終止風の終止となります。民族的な語法を多用した結果、ドミナントによる西洋的なカデンツで強力に曲を閉じることはためらわれたようです。むしろ壮大ではあるが、柔らかい終止が、後ろ髪を引くように余韻を残して消えていくのです。《新世界より》の多くの部分に見られるこの柔らかい終止が、曲の追想的な雰囲気を醸し出しており、そのことが循環形式と微妙にマッチしているのかもしれません。

> 最後はホ長調のトニックが、ディミヌエンド（だんだん弱く）しながら後ろ髪を引かれるように終わる

> 大きな夕日が沈んでいくみたい

> 新世界アメリカで作曲されたこの曲には故郷ボヘミアへの思いが込められているのじゃ

（左）当時のボヘミアの風景
（下）第2楽章の自筆譜

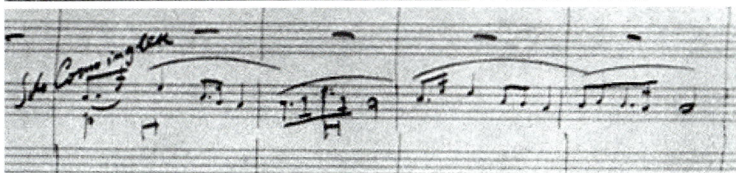

まとめ

こうして《新世界より》は、いわば調性以前の民族的な音楽と、ロマン派の最先端を行く循環形式が結びついた音楽となりました。しかし、古いことは新しいことでもあるのです。たとえば、今日のポピュラー音楽でも、あからさまな長調と短調は避けられる傾向にあります。そして調性を和らげる方法は、基本的に《新世界より》と同じといっていいでしょう。《新世界より》は、構成法において後期ロマン派に根ざし、響きにおいて過去を向くと同時に未来を志向する名曲なのです。

新しい響きを求めて
現代へ続く道
♪サティ《３つのジムノペディ》

19世紀から20世紀にかけて、西洋音楽史は激動の時代を迎えます。いわゆる現代音楽への扉が開かれたのです。その入り口にたつ作曲家にサティがいます。彼の音楽はその単純なたたずまいにかかわらず、西洋音楽を根底から覆してしまったのです。しかも彼の影響力は現代にまで及んでいます。

モネ『印象・日の出』(1872年)

サティ

フランスの作曲家サティは、13歳でパリ音楽院に入学し、7年後に退学しました。そして19年後に今度はスコラ・カントルムに入学し、音楽教育を受け直したという変わった経歴の持ち主です。その間に軍隊に入り、そこも逃げ出して、ピアニストになるなど、職を転々とし、「バラ十字教団」や「宗派に与しない信徒救済会」とかかわったりもしています。

何か精神的なものを求めながら、組織に属さないサティの姿は、流派を超えた彼の音楽と通じるものがあります。

親交のあった友人によるサティ
ジャン・コクトー画　　パブロ・ピカソ画

サティが同時代の作曲家ドビュッシーと知り合ったカフェキャバレー(1891年)

サティ
(1866-1925)

《3つのジムノペディ》

そんなサティの自己発見ともいえる曲が《3つのジムノペディ》(1888) でした。「ジムノペディ」とは、古代ギリシャの祭典に由来し、サティはその模様を描いた壺絵からインスピレーションを得たといいます。曲が書かれた1888年といえば、マーラーの交響曲第1番《巨人》やR.シュトラウスの交響詩《ドン・ファン》が作曲された年であり、フランス圏ではフランクの交響曲ニ短調とフォーレの《レクイエム》作品48があります。

ロマン派も後期の爛熟へ向かうこの時期に、遠い未来を志向する《ジムノペディ》のような曲が生まれていたのは、小さな奇跡のようです。

トラキア人の前でリラを演奏するオルフェオの姿が描かれた古代ギリシャの壺絵（紀元前440年）

下の譜面は《3つのジムノペディ》第1番の冒頭部分です。最初の16小節間は、七の和音（IV_7とI_7）をひたすら交替させるだけです。

IV_7はIVの七の和音
I_7はIの七の和音

CD 76 第1番

Lento et douloureux

ニ長調　IV_7　I_7　IV_7　I_7　IV_7　I_7　IV_7　I_7

機能和声（→p.52）では、4つの音を重ねる七の和音はV_7かII_7だけです。（197ページでみたフランクのヴァイオリン・ソナタ冒頭の属九の和音は、まだ伝統的なハーモニー法の範疇にあります）。したがって、《ジムノペディ》は冒頭からかつてない音響世界へ誘うのですが、それはジャズや現代ポピュラー音楽でよく使われるコードであり、わたしたちにはおなじみのサウンドです。

IV_7とI_7の和音は、なんだかオシャレな響き！

機能和声のなかの七の和音と九の和音

ニ長調　II_7　V_7　V_9
　　　　　　　属七の和音　属九の和音

カデンツを欠いた音楽

IV_7とI_7が繰り返されるだけであるということは、ドミナント（V）がないということです。この曲の終わりそうで終わらない流動的な性格の理由がここにあります。フレーズや部分の段落をつけたり、曲を終結させたりするドミナントがないことにより、明らかにサティはドミナントによるカデンツを徹底的に締め出しているのです。

前半の39小節は長調とも短調ともい

えない書き方がされています。最初の16小節はニ長調風ですが、ドミナントはありません。18小節からはドリア調となります。ドリア旋法はグレゴリオ聖歌《怒りの日》の旋法でした（→p.64）。構成音は「レ・ミ・ファ・ソ・ラ・シ・ド」ですが、ここでは主音をホ（「ミ」）にして用いているのです。以下、それぞれの部分で教会旋法が使われています。

前半部分の構造

CD 76 00:00〜　　　　　　CD 00:31〜　CD 00:38〜　　　CD 00:58〜　CD 01:08〜

小節		18	21	32	37
調性	ニ長調	ホ＝ドリア	ニ＝ドリア	ホ＝エオリア	ニ＝ミクソリディア
ハーモニー	IV_7 I_7 IV_7 I_7 IV_7 I_7 IV_7 I_7 …				

教会旋法については65ページを参照

ドミナントがない!

ドリア旋法

ホを主音としたドリア旋法

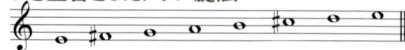

《ジムノペディ》の響きの新しさは、ドミナントを追放し、古い中世の旋法を用いたことによるのだ

サティ画のイラスト
（コクトーへ送ったはがきから）

分析してみよう！

《ジムノペディ》の最初の部分はドミナントを欠いていましたが、続く部分ではドミナント的な動き、つまりⅤ→Ⅰの動きが見られます。しかしいずれも決定打を欠きます。典型的なのは前半を締めくくる38-39小節です。近代的なカデンツなら「ド」はシャープして導音となり、強力に「レ」へ誘導して、充実した終止を形成するはずです。ところがここではシャープは打ち消され、調性音楽に慣れた耳には、不十分な終止と感じるでしょう。しかしどこか古風な味わいがあります。

想い起こせば、西洋音楽史で長音階がほかの旋法を追放していく背景は、それがカデンツを形成できる音階だったからでした。また短音階ではドミナントをつくるために、和声短音階という人工的な音階が用いられたのでした。逆

CD 01:05〜

ドが♮で元の高さに戻されている

36
ドを♯とする

Ⅴ　Ⅰ

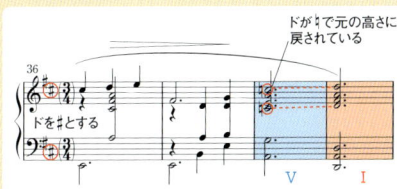

にいえば、ほかの旋法は導音を欠くためにドミナントをつくれないという理由で、歴史から姿を消したのです。サティはそれらをもう一度よみがえらせたのです。こうして《ジムノペディ》はドミナントを欠いた、とりとめのない流れに終始することになります。まるで果てることのない波間を漂うように。

和声短音階について

楽典Column

93ページのコラム「長調と短調」では、数ある旋法から、長音階と短音階だけが生き残る歴史を見ました。この過程にはじつはもうひとつの要因があったのです。それは長音階だけがドミナントをつくることができたことです。ドミナント（属和音）とは第5音の上にできる長三和音「ソ・シ・レ」ですが、その第3音「シ」はすぐ半音上の「ド」へ滑り込み、導音として機能し、主和音「ド・ミ・ソ」へ安定的に終止するのです。また「ファ」はすぐ半音下の「ミ」へ落ち着

き、ドミナントの機能を決定的にします。

「シ→ド」「ファ→ミ」と歌うと、安定した感じがする

長調に対して、短三和音を主和音とする短調も使われるようになると、ドミナントを人工的につくりだす必要が生じました。こうして短音階の第五音の上にできる和音「ミ・ソ・シ」の「ソ」を半音上げて導音化し、「ミ・ソ♯・シ」として、主和音「ラ・ド・ミ」へ終止するドミナントとしたのです。

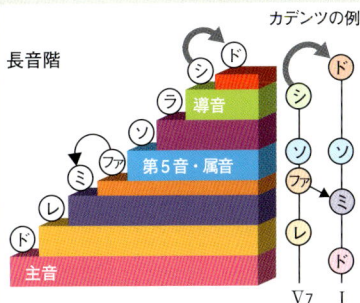

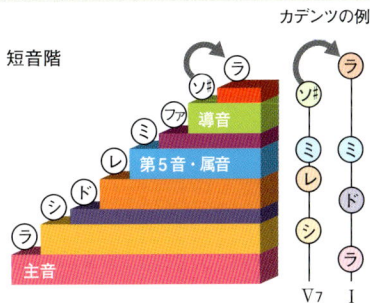

カデンツの例
長音階
シ　ド
ラ　導音　ド
ソ　　　　ド
第5音・属音　ソ　ソ
ファ
ミ　　　ファ　ミ
レ　　　　レ
ド　　　　ド
主音　　 Ⅴ₇　Ⅰ

カデンツの例
短音階
ソ♯　ラ
ミ　導音　ラ
レ　　　　ソ♯　ラ
第5音・属音　ミ　ミ
シ　ド　　レ　レ
ラ　　　　ド　ド
主音　　ラ　ラ
　　　　Ⅴ₇　Ⅰ

ドミナントのゆくえ

　サティがドミナントをあくまでも避けたことは、重大な意味をもっています。なぜならドミナントはルネサンス期に開発され、それ以後、西洋音楽史はある意味でドミナントの体系化の歴史でもあったからです。このドミナント発展史の究極の到達点が、ワーグナーの《トリスタンとイゾルデ》(→p.182) でした。そこではドミナントは「トニックを憧れる和音」として徹底的に活用され、永遠の愛への渇望を歌い上げたのでした。それはきわめてロマン的な美学の具現でしたが、また西洋的なものの究極の姿だったのかもしれません。サティが反旗を翻したのは、ロマン主義的なもののみならず、西洋そのものだったのです。そのために彼は「西洋以前」の中世へ立ち還ったのでした。

西洋音楽史＝ドミナント発展の歴史

ルネサンス期　　ドミナント開発

究極

ワーグナー
(1813-1883)

《トリスタンとイゾルデ》でドミナントを徹底して活用

サティ
(1866-1925)

ドミナントを一貫して避ける

反復主義

　サティの「西洋への反逆」の姿勢は、彼の音楽の執拗な反復にもよく現れています。《ジムノペディ》第1番は冒頭の16小節が2つの和音の交替でしたが、その伴奏形は全曲にわたって反復されます。曲は78小節からなりますが、後半は前半の39小節をそのまま繰り返しています（最後だけ短三和音となるのが異なります）。また《3つのジムノペディ》の3曲は、第1曲「遅く、甘美に」、第2曲「遅く、悲しげに」、第3曲「遅く、荘重に」と、どれも似たり寄ったりです。伴奏の形もすべて同じです。

《3つのジムノペディ》第2番

Lent et triste

pp

《3つのジムノペディ》第3番

Lent et grave

p

伴奏の形が一緒！

何の発展もなく、「始まり」も「真ん中」も「終わり」もないのです。3つの楽章を構築するとか、山場をつくるとか、結論へ導くといった志向は皆無です。

サティのピアノ曲《ヴェクサシオン》にはこんな指示が…

このモティーフを連続して840回繰り返し演奏するためには、あらかじめ心の準備を整えることが大切だろう

「反復」を生きる

同じものをただ繰り返すという志向は、もっとも深いところで西洋を否定しているといえるでしょう。なぜなら西洋の音楽観の根底にあったのは「時間の経過とともに音楽の密度は高まる」という発想だったからです。それを浮き彫りにしたのがロマン主義でしたが、根底に流れているのは「現在は過去のすべての体験の総合である」という直線的で累積的な時間観だったのです。サティはこの西洋的なものを根本から覆したのでした。

「時間はもとには戻らない」。「現在は過去の集大成である」。確かにそうです。こうして一回性を重視し、歴史を背負った重苦しい現在を担う「大芸術」が、ロマン派音楽の命題となります。しかし考えてみましょう。わたしたちの生活は、朝起きたときから果てしない反復の連続であるという側面もあります。反復の単位は時間から日へ、1週間からひと月へ、そして季節へとさまざまなレヴェルにおよんでいます。時間が逆行しないのが真実であると同じように、わたしたちは反復を生きてもいるのです。そして一回性と現在性を問うあまり、反復だらけのこの生活から離れてしまうとしたら、芸術は限りなく抽象化し、足場を失ってしまうでしょう。サティがいいたかったのは、このことだったにちがいありません。

人間の環境のなかで、音楽は自然に存在すべきだ

まとめ

サティの美学は1920年の《家具の音楽》に行き着くことになります。これは「耳をそばだてなくても、家具のように、そこにあるだけで心地よい音楽」となります。「大芸術」である必要はない。「愛の死」(《トリスタンとイゾルデ》→p.182)を騒ぎ立てるのでもない。完全な愛の成就のための死を讃えるのではなく、たとえ不完全でもいい、より謙虚で、地に足がついた人生へのまなざしから現実を見直し、音楽と生活との生きた関係をとり戻そう。サティが目指したのはそんな音楽だったのでしょう。

音楽に対するサティの考え方は、現代ではBGMとして具体化され、わたしたちの生活を潤しているのです。

調性の崩壊

世紀末にひたすら交響曲を書き続けた**マーラー**にとって、創作は自分探しの旅でもありました。しかし、ロマン派が調性をとことん曖昧にしていくなかで、時代は進むべき道に苦悩していました。「調性をいかに超えるか」が課題となっていたのです。超えるべき作品は《トリスタンとイゾルデ》でした。1908年、つい

マーラー（1860-1911）の風刺画

にシェーンベルクは**無調***に突入し、調性のシステムを無効としました。ルネサンス以来の響きは徹底的に否定され、聞き慣れた音楽の文脈も失われてしまいました。この後、1921年にシェーンベルクは12の音からなる音列を操作する作曲法「**12音技法**」**を開発しますが、調性に代わるシステムとはなりえませんでした。音列で音楽を管理するこうした方向に対する反動として、第2次大戦後には**ケージ**の「**偶然性の音楽**」も現れます。時代は難解な前衛音楽へ突入するのです。これは音楽そのものというよりも、「音楽とは何か」を問いかける熾烈な挑戦ともいえます。

シェーンベルク（1874-1951）　ケージ（1912-1992）

フランスの場合

20世紀初頭には、フランスでも、調性に代わる新しい響きを求める動きがありました。**サティ**の方向は**ドビュッシー**によって徹底的に開拓されます。さまざまな音組織を用い、多彩な書法を駆使し、あらゆる方法論が試されるのです。

ラヴェルは**ジャズ**などの

ドビュッシー（1862-1918）

葛飾北斎『富嶽三十六景　神奈川沖浪裏』（1831年頃）ドビュッシーは、この浮世絵にインスピレーションを受けて、交響詩《海》を作曲した

*無調…トニック、ドミナントといった音の役割を排することで、調性をなくすこと。
**12音技法…オクターヴに含まれる12の半音すべてを均等に用いた音列により、無調を組織化する技法。

影響を受け、とくに**ブルー・ノート***の使用を好んでいます。そういえば、アメリカでの黒人音楽は、調性と拍子をアフリカ的に自由に解釈し、「新しい音楽」のひとつの具体例を提示してもいたのでした。いずれにしても、フランスの動きは調性を否定するというより、調性も「パレットに並べられた響きのひとつ」という感覚で、音楽の全体像をとらえ直そうという試みでした。

サティ
(1866-1925)

ラヴェル
(1875-1937)

1920年代のジャズバンド
(フレッチャー・ヘンダーソンとオーケストラ)

西洋からの離脱

　ヨーロッパの周辺でも、新しい動きがありました。スペインの**ファリャ**、チェコの**ヤナーチェク**、ロシアの**ストラヴィンスキー**、それにハンガリーの**バルトーク**など。彼らのよりどころとなったのは、故郷の民族音楽でした。調性からの開放だけでなく、西洋的な拍子感覚から逃れ出て、リズムに柔軟な生命力をとり戻す

左から3番目は民謡を収集するバルトーク
(1881-1945)

ためにも、民族的なものが重要な方法論となったのです。彼らの立場が国民楽派の延長線上にあるのは明らかです。そしてこの方向は、第2次世界大戦後、アジアやアフリカにまで拡大されます。そこで行き着いた音楽のひとつが、**ライヒ**らの**ミニマル・ミュージック****でした。これはクラシックとポピュラーの垣根を崩していくことになります。音楽は今、ジャンルを超え、国境や民族をも超え、ダイナミックに進展しているのです。

ファリャ
(1876-1946)

ヤナーチェク
(1854-1928)

ストラヴィンスキー
(1882-1971)

ライヒ
(1936-)

*ブルー・ノート…ブルース音階の特色である半音下がった第3音と第7音のこと。
**ミニマル・ミュージック…短く切りつめた素材を少しずつ変化させながら反復する音楽。

音楽用語さくいん

作曲家さくいん

付属CD収録曲一覧

音源提供：ナクソス・ジャパン
（演奏家名はナクソス・ジャパンの表記に従っています）

1 グレゴリオ聖歌《怒りの日》
アレッシオ・ランドン指揮／アウロラ・スルジット

ジョスカン・デ・プレ モテット《アヴェ・マリア》
2 冒頭
3 2.受胎 対話的な書法
4 7.お祈り 終結部
ジェレミー・サマリー指揮／オックスフォード・カメラータ

5 ガブリエーリ《ピアノとフォルテのソナタ》
エリック・クリース指揮／ロンドン・シンフォニー・ブラス

6 パーセル オペラ《ディドとエネアス》より
ディドのアリア
《わたしが土のなかに横たえられるとき》
キム・アンプス（ソプラノ）
スコラーズ・バロック・アンサンブル

7 ヴィヴァルディ
ヴァイオリン協奏曲《四季》より
《春》第1楽章
チョーリャン・リン（ヴァイオリン）、アンソニー・ニューマン（チェンバロ）
セジション

8 バッハ《小フーガ ト短調》
ヴォルフガンク・リュプザム（オルガン）

バッハ
序曲（管弦楽組曲）第3番より《エール》
9 前半部分
10 後半部分
ヤロスラフ・ドヴォルザーク指揮／カペラ・イストロポリターナ

ヘンデル オラトリオ《メサイア》
11 《田園シンフォニー》
12 《ハレルヤ・コーラス》
ブラスティラヴァ・シティ・コーラス
ヤロスラフ・クレチェク指揮／カペラ・イストロポリターナ

13 ハイドン
弦楽四重奏曲《皇帝》第1楽章
コダーイ・クァルテット

14 モーツァルト オペラ《フィガロの結婚》より
六重唱曲
ナタレ・デ・カロリス（バリトン）、ドナート・ディ・ステファノ（バス）、ロベルト・フロンターリ（バリトン）、パトリシア・バーチェ（ソプラノ）ほか
ピエール・ジョルジョ・モランディ指揮／ハンガリー国立歌劇場管弦楽団

モーツァルト
ピアノ協奏曲第20番 ニ短調 K466
15 第1楽章 冒頭〜オーケストラ提示部
見せかけの第2主題
16 第1楽章 ソロ提示部 本当の第2主題
17 第2楽章 A
18 第2楽章 B
19 第3楽章 冒頭〜第2主題
イェネ・ヤンドー（ピアノ）
アンドラーシュ・リゲティ指揮／コンツェントゥス・フンガリクス

ベートーヴェン
交響曲第5番 ハ短調《運命》
20 第1楽章 提示部
21 第1楽章 展開部〜再現部
22 第1楽章 コーダ
23 第2楽章 ハ長調のファンファーレ
24 第3楽章 スケルツォの「運命の動機」
25 第3楽章 トリオ主部
26 第3楽章から第4楽章への移行
ベーラ・ドラホシュ指揮／ニコラウス・エステルハージ・シンフォニア

27 シューベルト バラード《魔王》
ヨハネス・カルパース（テノール）、ブルクハルト・ケーリング（ピアノ）

ベルリオーズ《幻想交響曲》
28 第1楽章 固定楽想
29 第1楽章 最後のアーメン終止
30 第2楽章 固定楽想
31 第3楽章 固定楽想

32 第4楽章 固定楽想
33 第5楽章 冒頭～《怒りの日》
ヨアフ・タルミ指揮／サンディエゴ交響楽団

34 シューマン《トロイメライ》
イェネ・ヤンドー（ピアノ）

ショパン 前奏曲《雨だれ》
35 冒頭 A
36 中間部 B
37 終結部
イディル・ビレット（ピアノ）

メンデルスゾーン
ヴァイオリン協奏曲 ホ短調
38 第1楽章 冒頭～ソロとオーケストラの対比
39 第1楽章 ソロとオーケストラのかけ合い
40 第1楽章 再現部へ移り変わる部分
41 第3楽章 導入部分
42 第3楽章 第1主題
西崎崇子（ヴァイオリン）
ケネス・ジーン指揮／スロヴァキア・フィルハーモニー
管弦楽団

リスト 交響詩《前奏曲》
43 1.愛 主要主題（モットー）
44 1.愛 愛の主題
45 2.嵐 嵐の主題
46 3.自然 冒頭
47 3.自然 愛の主題
48 4.戦いと勝利 勝利の行進曲
ミヒャエル・ハラース指揮／ポーランド国立放送交響
楽団

ワーグナー 楽劇《トリスタンとイゾルデ》
49 第1幕 第2場
50 前奏曲 憧れの動機
51 第3幕 第3場《イゾルデ愛の死》
ヴォルフガング・ミルグリム（テノール）、ヘドウィグ・
ファスベンダー（メゾ・ソプラノ）、グンナル・ルンドベリ
（バリトン）、マッティナ・ディーケ（メゾ・ソプラノ）
レイフ・セーゲルスタム指揮／王立スウェーデン歌劇
場管弦楽団

ブラームス 交響曲第1番 ハ短調
52 第1楽章 序奏
53 第4楽章 序奏～第1主題
54 第4楽章 コーダ
55 第3楽章 冒頭
アレクサンダー・ラハバリ指揮／ベルギー放送フィル
ハーモニー管弦楽団

56 ブラームス 交響曲第2番 第3楽章
アレクサンダー・ラハバリ指揮／ベルギー放送フィル
ハーモニー管弦楽団

57 ブラームス 交響曲第3番 第3楽章
ゲオルク・ティントナー指揮／シンフォニー・ノヴァ・ス
コシア

フランク ヴァイオリン・ソナタ イ長調
58 第1楽章 冒頭よりⅠの旋律
59 第3楽章 AよりⅠの旋律
60 第3楽章 BよりⅠの旋律
61 第4楽章 冒頭よりⅠの旋律の変形
62 第3楽章よりⅡの旋律
63 第4楽章よりⅡの旋律
64 第3楽章よりⅢの旋律
65 第4楽章よりⅢの旋律
西崎崇子（ヴァイオリン）、イェネ・ヤンドー（ピアノ）

ドヴォルザーク 交響曲第9番《新世界より》
66 第1楽章 第1主題
67 第1楽章 中間主題
68 第1楽章 第2主題
69 第2楽章《家路》の旋律（ラルゴ主題）
70 第2楽章 主題の結合
71 第3楽章 スケルツォ主題
72 第3楽章 並列する主題
73 第4楽章 第1主題
74 第4楽章 組み合わされた主題
75 第4楽章 コーダ～終結部
マリン・オールソップ指揮／ボルティモア交響楽団

76 サティ《3つのジムノペディ》第1番
クラーラ・ケルメンディ（ピアノ）

著者プロフィール

田村 和紀夫（たむら わきお）

1952年、石川県七尾市生まれ。国立音楽大学楽理科を
卒業後、同大学院修士課程音楽学を修了。現在、尚美
学園大学、芸術情報学部音楽表現学科教授。「西洋音
楽史」「音楽美学」ほかを担当。著書には『ビートルズ音
楽論―音楽学的視点から―』(東京書籍)、『名曲に何を聴く
か』(音楽之友社)、『新名曲が語る音楽史』(音楽之友社)、
『名曲名演論』(アルファベータ)、『交響曲入門』(講談社)、
『音楽とは何か』(講談社) などがある。

本書の内容に関するお問い合わせは、**書名、発行年月日、該当ページを明記の上**、書面、FAX、お問い合
わせフォームにて、当社編集部宛にお送りください。**電話によるお問い合わせはお受けしておりません。**
また、本書の範囲を超えるご質問等にもお答えできませんので、あらかじめご了承ください。
　FAX：03-3831-0902
　お問い合わせフォーム：http://www.shin-sei.co.jp/np/contact-form3.html

落丁・乱丁のあった場合は、送料当社負担でお取替えいたします。当社営業部宛にお送りください。
法律で認められた場合を除き、本書からの転写、転載（電子化を含む）は禁じられています。代行業者等の
第三者による電子データ化及び電子書籍化は、いかなる場合も認められていません。

CD付 徹底図解 クラシック音楽の世界

著　者　　田　村　和　紀　夫
発行者　　富　永　靖　弘
印刷所　　公和印刷株式会社

発行所　東京都台東区　株式　新星出版社
　　　　台東2丁目24　会社
　　　　〒110-0016　☎03(3831)0743

©Wakio Tamura　　　　　　　　Printed in Japan
ISBN978-4-405-10698-7

音楽史の流れ

中世・ルネサンス

中世の時代、教会で歌われていたグレゴリオ聖歌に複数のパートが加わるようになり、和声が誕生しました。「3度」という新たな響きが生み出されていくなかで、ルネサンス音楽は進展していきます。

バロック

オペラや協奏曲といった現代へと続くジャンルが生み出され、音楽によって人間の感情が盛んに表現されるようになりました。

バッハ《無伴奏ヴァイオリンのためのソナタとパルティータ》よりソナタ第1番第1楽章冒頭の自筆譜

ジョスカン・デ・プレ《ミサ・アヴェ・マリス・ステラ》（1505年頃）
細密画で豪華な装飾がなされている

古典派

モーツァルトやベートーヴェンといった、誰もが知る作曲家によって代表されるのが古典派です。新たに勃興した市民階級に相応しい、わかりやすくて深い音楽が生み出されていくこととなります。

ロマン派

時代の不安を感じながら、夢の世界へと逃避していったロマン派の作曲家たちの音楽は、曖昧で幻想的なニュアンスや、無限への憧れ、自然への同調などの特徴があります。

モーツァルト《ピアノ協奏曲第20番》より第1楽章冒頭の自筆譜

後期ロマン派〜20世紀

ロマン派によって、西洋音楽を支えてきた調性が曖昧にされ、ついに調の概念を打ち砕く作品へと到達します。一方でBGMへとつながる作品も誕生します。

マーラー 交響曲第8番《千人の交響曲》初版譜より第2部

村のヴァイオリニスト
（1845年）
"真面目"な音楽が隆
盛する一方で、音楽は
人々にとって大切な娯
楽でもあった

ドビュッシーとストラヴィンスキー
（ドビュッシーの自宅で撮影されたもの）
ドビュッシーは調性、ストラヴィンスキーはリズムに
おいて、それまでの西洋音楽のルールから外れた
革新的な作品を発表した

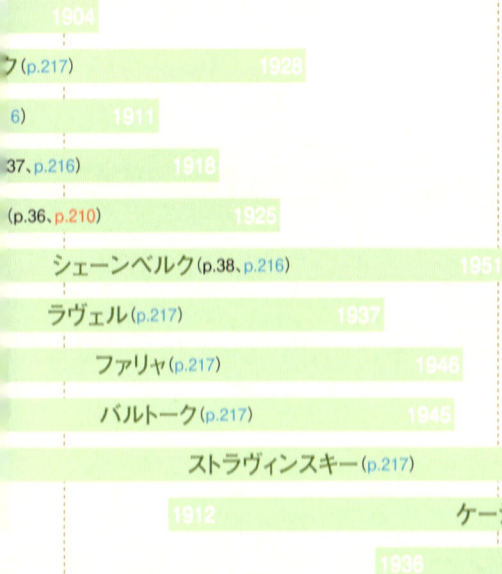

36

897

1904

フ（p.217）　　　　　　　　1928

6）　　　1911

37、p.216）　　　1918

（p.36、p.210）　　　1925

シェーンベルク（p.38、p.216）　　　1951

ラヴェル（p.217）　　　1937

ファリャ（p.217）　　　1946

バルトーク（p.217）　　　1945

ストラヴィンスキー（p.217）　　　1971

1912　　　ケージ（p.216）　　　1992

1936　　　ライヒ（p.217）

●1914 第1次世界大戦　　●1939 第2次世界大戦　　1990 東西ドイツ統一●

この本に登場する作曲家の生没年

1350	中世	1400	ルネサンス	1450		1500		1550

1397 **デュファイ**(p.75) 1474

1400頃 **バンショワ**(p.75) 1460

※ページ数は、「大作曲家ギャラリー」は黒、第2章「名曲で読み解く クラシック音楽の歴史」は赤、「音楽史のまとめ」は青で示しています。

1440頃 **ジョスカン・デ・プレ**(p.8、p.66) 1521

1450 **イザーク**(p.75) 1517

1525頃 **パレストリーナ**

1532頃 **ラッソ**(p.?

1551 **カ**

1554頃 **ガ**

1

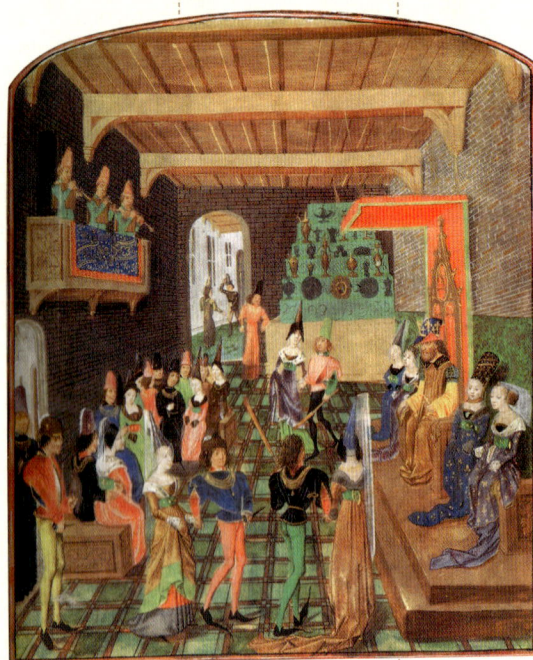

宮廷でダンスを踊る人々（1470年頃、フランドル）
左上では楽師が演奏している

水上での音楽会（1520年頃、フランドル）
歌手とフルート奏者、リュート奏者がいる

主な出来事　　　　　　●1453 東ローマ帝国滅亡　　　●1517 ルターの宗教改革

1700年代はじめのコレギウム・ムジクムの様子
主にドイツにおいて、演奏を楽しむために集う音楽愛好家や学生の団体を
コレギウム・ムジクムと呼んだ

(p.75) 1594

) 1594

ッチーニ(p.115) 1618

ブリエーリ(p.9、p.76) 1612

7 モンテヴェルディ(p.10、p.115) 1643

1653 コレッリ(p.115) 1713

1658 トレッリ(p.115) 1709

1659 パーセル 1695
(p.11、p.82)

1668 クープラン(p.115) 1733

1678 ヴィヴァルディ 1741
(p.14、p.90)

1685 バッハ(p.12、p.96) 1750

1685 ヘンデル(p.15、p.108) 1759

●1598 ナントの勅令　　●1643 ルイ14世即位

| 1800 | ロマン派 | 1850 |

1809

ェン(p.20、p.134)　　　　　1827

1797　シューベルト(p.22、p.144)　1828

1803　　　　ベルリオーズ(p.24、p.150)　　　　　1869

1809　メンデルスゾーン(p.25、p.170)　1847

1810　ショパン(p.26、p.164)　1849

1810　シューマン(p.27、p.158)　1856

1811　　　　リスト(p.28、p.176)　　　　1886

1813　　ワーグナー(p.29、p.182)　　1883

1822　　　　フランク(p.32、p.196)　　　1890

1824　　ブルックナー(p.194)　　18

1833　　　ブラームス(p.30、p.188)　1

1840　チャイコフスキー(p.33、p.195)　1893

1841　　ドヴォルザーク(p.34、p.202)

1854　　　　　　ヤナーチェ

1860　　マーラー(p.35、p.2

1862　　ドビュッシー(p

1866　　　　サティ

1874

1875

1876

1881

1882

風刺画『皇帝を謁見する
ワーグナー』(1876年)
19世紀後半になると、
作曲家の権威は非常に
高いものとなっていく

ドガ『オペラ座のオーケストラ』
(1868-1869年)
産業革命が起こり、市民の時代が
到来すると、チケットさえ買えば誰で
も音楽が聴ける公開コンサートが当
たり前のものとなっていった。かつて
は王のものであったパリ・オペラ座
でも連日市民に向けた公演が行わ
れていた

フランス革命
｜　　●1804 ナポレオン即位　　　●1830 7月革命　　　●1848 2月革命 ●1861 アメリカ南北戦争